Chants de la Mère

Chants devotionnels de Sri Mata Amritanandamayi

Volume 2

Mata Amritanandamayi Center, San Ramon
California, États Unis

Chants de la Mère, Volume 2

Publié par :
Mata Amritanandamayi Center
P.O. Box 613
San Ramon, CA 94583
États Unis

———————— *Bhajanamritam Volume 2 (French)* ————————

Première édition par le Centre MA : août 2016

En France :
Ferme du Plessis
28190 Pontgouin
www.ammafrance.org

En Inde :
www.amritapuri.org
inform@amritapuri.org

L'importance du chant dévotionnel

Mes enfants, en ce *kali yuga* (âge sombre du matérialisme), pour obtenir la concentration, les *bhajans* (chants dévotionnels) sont plus abordables que la méditation. Si nous chantons à voix haute, nous oublions les bruits environnants, sources de distraction, et nous parvenons ainsi à nous concentrer. Les bhajans, la concentration et la méditation, telle est l'ordre de la progression. Mes enfants, garder le souvenir constant de Dieu, c'est la méditation.

Si les bhajans sont chantés avec concentration, ils seront bénéfiques pour le chanteur, pour l'auditoire et pour la Nature. À force d'écouter de tels chants, un réveil intérieur se produira.

Les bhajans sont une discipline spirituelle dont le but est de concentrer notre esprit sur notre divinité d'élection. Grâce à cette concentration, on peut se fondre dans le Divin et faire l'expérience de la béatitude de son véritable Soi.

Il importe peu que l'on croie en Krishna ou au Christ, en Kali ou en Marie, ou encore en un Dieu sans forme; on peut aussi méditer sur une flamme, une montagne ou sur la paix dans le monde, tout en chantant.

Chacun peut savourer la paix venant du Divin qui est en lui en laissant son esprit se fondre dans le son des chants divins.

Sri Mata Amritanandamayi

Guide de la prononciation

NB : Ces indications sont générales et imparfaites. Elles concernent surtout le sanskrit et le malayalam. Il est donc essentiel d'écouter attentivement la cassette ou le CD pour chanter correctement. Les chants en tamoul et en hindi se prononcent un peu différemment. Par exemple en tamoul, le c de la transcription se prononce comme celui de Céline en français et non tch :

Voyelles

A	comme	a	dans	<u>A</u>mérique
AI	comme	aï	dans	<u>aï</u>e
AU	comme	ao	dans	cac<u>ao</u>
E	comme	é	dans	<u>é</u>cole
I	comme	i	dans	<u>I</u>talie
O	comme	o	dans	<u>o</u>r
U	comme	ou	dans	ch<u>oux</u>

Consonnes

KH	comme	kh	dans	E<u>ck</u>hart en allemand
G	comme	g	dans	<u>g</u>arage
H	comme	h	dans	<u>h</u>arvest en anglais
GH	comme	gh	dans	lo<u>gh</u>ouse en anglais
PH	comme	ph	dans	she<u>ph</u>erd en anglais
BH	comme	bh	dans	clu<u>bh</u>ouse en anglais
TH	comme	th	dans	ligh<u>th</u>ouse en anglais
DH	comme	dh	dans	re<u>dh</u>ead en anglais
C	comme	tch	dans	<u>T</u>chernobyl
CH	comme	ch-h	dans	staun<u>ch-h</u>eart en anglais
J	comme	dj	dans	<u>Dj</u>ibouti
JH	comme	dge	dans	he<u>dge</u>hog en anglais
Ń	comme	ny	dans	ca<u>ny</u>on
Ś	comme	sh	dans	<u>sh</u>ine en anglais mais plus sifflé
Ṣ	comme	ch	dans	<u>ch</u>er

Ṅ	comme	**ng**	dans	**sing,** (nasal) en anglais
V	comme	**v**	dans	**vallée**
ZH	comme	**rh**	dans	**rhythm** en anglais
Ṛ	comme	**r**	dans	**r'bouteux** (semi-voyelle)

Les voyelles surmontées d'un trait sont longues, elles se prononcent comme celles indiquées plus haut mais durent deux fois plus longtemps.

Les consonnes qui ont un point en-dessous (ṭ, ṭh, ḍ, ḍh, ṇ, l, ṣ) sont des consonnes palatales, qui se prononcent avec le bout de la langue contre le palais.

Ces mêmes lettres sans le point sont des consonnes dentales, qui se prononcent avec la langue à la base des dents.

Les doubles consonnes sont fréquentes, elles se prononcent et on doit les entendre.

Le ṭ sonne souvent un peu comme un ḍ ce qui n'est pas du tout le cas de ṭṭ qui sonne très dur. Si la personne qui chante est une femme il est parfois nécessaire de changer le genre des mots, par exemple *putran* (fils) devient *putri* (fille), *dasan* (serviteur) devient *dasi* (servante) et *makan* (fils) devient *makal* (fille). Il n'est pas possible de mentionner toutes ces variantes dans ce livre et le public francophone ne s'en apercevra pas. Si vous voulez chanter devant un public indien, vérifiez d'abord que le texte est correct.

ABHAYAM TAN ARUḶUKA

abhayam tan aruḷuka nīyen
akatāril teḷiyuka kṛṣṇa
anayāttānanda nilāvāyi
teḷi mānam nalkuka hṛttil

Donne-moi refuge, O Krishna, et apparais en moi. Sois la pleine lune qui brille à jamais dans le ciel clair de mon cœur.

paramārtha poruḷē, nīyen
paritāpa kanalaṇayānāyi
kanivin amṛtam pozhiyikkū
paricil ñān kandu tozhaṭṭe

Toi, la quintessence de la Vérité, apaise je T'en prie les braises ardentes de mon chagrin en versant le nectar de Ta grâce. Accorde-moi Ta vision, permets-moi de T'offrir sans tarder mon humble salut, les mains jointes.

kāṭāke kūriruḷāyi
kūṭārum kūṭṭinumillā
kāruṅya kaṭalallē nī
kāruṇyam tūkukayillē?

Les ténèbres envahissent la forêt et je suis seul, sans personne pour m'accompagner. N'es-Tu pas l'océan de compassion? Ne répandras-Tu pas sur moi Ta grâce ?

snēhattin tiri nāḷatte
nīḷattil nīṭṭuka kṛṣṇa
kānaṭṭe kaṇi kāṇaṭṭe
cēṇuttā padatār pūkkaḷ

Tire la mèche de la lampe de l'amour, O Krishna, et laisse-moi contempler Tes pieds pareils à deux fleurs magnifiques.

ABHAYATTINĪMAKAN

abhayattinīmakan aviratam tirayunnu
atirattu kēzhunnu ñān... ammē...
agati ñān avirāmam tirayunnu dēvi nin
anaśvara mahimāvil uyarttukenne

O Mère, ce fils pleure et cherche constamment refuge en Toi. O Déesse, il n'y a pas d'autre voie pour moi, je T'implore donc de m'élever jusqu'à Ta grandeur immortelle.

ālambahīnan ñān tēṭunnu daivamē/ambikē
ātanka mukti tannīṭāttatentu nī?
ārādhanā puṣpam vāṭunnatin munpē
svīkarikkyān ammē nī varillē...
svīkarikkyān ammē nī varillē

Mon Dieu, je n'ai pas d'autre soutien. Ne vas-Tu pas me délivrer de cette souffrance ? Mère, ne viendras-Tu pas accepter cette fleur (mon mental), offerte en adoration ?

pāricha śōkattinnazhattilāzhūvān
nī niyōgikkumennī makanōrttīllā
nin nāmamen nāvil ninnakannīlallo
nin prēma tīrttham pozhikkāttatentahō...
nin prēma tīrttham pozhikkāttatentahō

Ma douleur ne fait que croître, jamais je n'aurais pensé que Tu me mettes en pareille situation. Ton Nom n'a pas quitté mes lèvres ; ne verseras-Tu pas le nectar sacré de Ton amour, O Mère?

ABHĪSHṬA VARADĀYIKĒ

abhīṣṭa varadāyikē
jñāna sukha dāyikē
janma phala dāyikē varū

hṛdayattil kuṭi koḷḷum kamalāmbikē

O Kamalambike (Mère divine), Toi qui exauces tous les désirs, Toi qui donnes la connaissance suprême, arbitre de mon destin, viens, que je T'accueille, Toi qui demeures en mon cœur.

ōrmakaḷ taḷiriṭṭa nāḷ mutal ñān ninte
ārādhanā puṣpamāyirunnu
ōrāyiram bhāva gītangaḷāl ninne
ātmāvil tētukayāyirunnu
manam ārdramāy tīruka āyirunnu

D'aussi loin que je me souvienne, j'ai eu le sentiment d'être la fleur que l'on T'offre en adoration. Je T'ai cherchée dans les profondeurs de mon âme en chantant mille hymnes de dévotion et mon mental s'est totalement immergé en Toi.

hṛdayam piṭayunna bhakti bhāveśa pātayil
ēkānta pathikayāy ñān
ōrō malarilum ōrō mukililum
viriyunna nin mukham nōkki ninnu – ammē
enne maṛannu ñān nōkki ninnu

Voyageur solitaire, sur le chemin d'extase de la bhakti (dévotion), mon cœur s'est épanoui. Ton visage m'est apparu dans chaque fleur, dans chaque feuille, et je suis resté émerveillé, oubliant le reste de l'univers, m'oubliant moi-même.

ĀDI ŚAKTI MAHĀ LAYAMKARI

ādi śakti mahā layamkari
nitya śānti sandāyinī
kāli kāli sanātanī
amṛtānandamayi bhairavī

O Puissance primordiale, Kali, Toi l'Eternelle qui mènes tous les phénomènes à leur conclusion et fais qu'ils se fondent dans la Source unique, Toi qui accordes la paix éternelle, Bhairavi (épouse de Shiva) dont la nature est béatitude immortelle,.

satyamāy śiva rūpamāy
śubha nitya sundara sāramāy
etra kalpangaḷāyi rasippu nī
śāśvatē durgē kai tozhām
(ādi śakti...)

O Durga, Toi qui existes hors du temps, depuis combien de millénaires contemples-Tu, ravie, le théâtre du monde, tandis que Tu demeures la pure Essence immuable et favorable, la Réalité magnifique, le substrat de toute chose? Les mains jointes, je Te salue.

ninna bhaumamī sarga kēḷiyil
nī rasichu madikkavē
khinnarāyi kēṇu vāṇiṭunnōre
kai piṭichu karēttanē
(ādi śakti...)

Tout en savourant Ton propre plan d'existence, immaculé, bien loin des souffrances terrestres, daigne tendre une main secourable aux multitudes d'ici-bas, qui ont désespérément besoin d'être sauvées et conduites jusqu'au rivage, en sécurité.

ennu kāṇum ñān ennu kāṇum ñān
ente jīvanām ammaye?
ennu kāṇum ñān sarva sākṣiyām
ente unmayām ammaye?
(ādi śakti...)

O, quand verrai-je ma Mère, quand verrai-je enfin le Témoin universel, ma Vie, ma seule Réalité, ma Mère ?

nirguṇa saguṇātmaka
brahma rūpiṇī bhavatāriṇī
nin kṛpā lēśa monninãl kṣaṇam
rakṣayārkku labhichiṭām! (ādi śakti...)

O Mère, Tu es pour moi l'unique moyen de traverser l'océan de la transmigration, Tu es en vérité Brahman, l'Absolu, en essence sans forme mais capable de manifester des formes innombrables. Quiconque reçoit un seul iota de Ta grâce est aussitôt libéré.

īkṣaṇam nalkiṭeṇame śudha
nirmala prēma bhaktiye
ninte bhaktiyil mungiyāndu
nin pāda tāriṇa pūkaṇē (ādi śakti...)

Je T'en prie, accorde-moi à l'instant même la dévotion et l'amour purs, immaculés. Mon unique désir est de m'absorber dans la dévotion et d'atteindre Tes pieds sacrés.

AKHILA LŌKA NĀYAKĪ

akhila lōka nāyakī
ambā ārthi nāśinī

O Reine de tous les mondes, Tu détruis tous les désirs.

saguṇa viguṇa rūpiṇī
sakala durita vāriṇī

Tu es avec et sans attributs, Ta forme met fin à toutes les souffrances.

nikhila bhūvana mōhinī
nigama āgama bhōdhinī

Enchanteresse de tous les mondes, Tu nous enseignes les Ecritures.

cira śubha sukha dāyini
manasi lasatu pāvanī

Déesse toujours propice, Tu donnes le bonheur, daigne venir demeurer en mon cœur, O incarnation de la pureté.

nirātiśayānandini
nirupama guṇa śālinī

O déesse de béatitude, les attributs dont Tu es dotée sont incomparables.

srita jana pari pālinī
manasi lasatu pāvanī

Toi qui protèges les chercheurs spirituels, daigne venir demeurer en mon cœur, O Incarnation de la Pureté.

ALLĀH TUMAHO

allāh tumaho īśvara tumaho
tumi hō rāma rahīm (2x)
yesu tumaho nānaka tumaho
zoroastrabhi hō mahavīra tumaho
gautama buddha karīm (2x)
mērē rām mērē rām rāma rahīm (3x)

Tu es Allah et Ishwara; Tu es Rama et Rahim. Tu es Jésus et Gourou Nanak; Tu es Zoroastre, Mahavira et Gautama le Bouddha. O mon Rama, O mon Rama, Rama Rahim.

AMALA PRAKĀŚAMĒ

amala prakāśamē arikilanaññiṭān
avadhikaḷ entinu nīṭṭunnu nī
alayunnu nin putri (an)

aviṭutte darśikkān
azhal tingi ninniṭum bhūvilūṭe

O Lumière immaculée, pourquoi repousses-Tu sans cesse le moment où je pourrai m'approcher de Toi ? Ayant soif de Te voir, Ton enfant erre en ce monde saturé de souffrances.

karaḷ tiṅgum vēdana cumalēri pāritil
karuṇā rasattine tēṭiṭunnu
hṛdaya śrī kōvilin mani viḷakkām ammē
kazhivillā paital ñān kēṇiṭunnū

Portant le fardeau de mon cœur douloureux, j'erre en ce monde à la recherche du nectar de la compassion. Mère, Toi la lampe qui illumine le sanctuaire de mon cœur, ce petit enfant T'appelle en pleurant.

nitya prakāśamē nīṛum manōvyatha
nīkkiṭān ettumō en jananī
nī tanne yennuṭe sarvavum mātāvē
nī tanne lōkattin ādhāravum

Lumière éternelle, O ma Mère, viendras-Tu libérer mon cœur de sa souffrance ? O Mère, Tu es aussi le substrat de l'univers.

AMBĀ PARAMĒŚVARI

ambā paramēśvari akhilāṇḍēśvari
ādi parā śakti pālaya mām

O Mère, Déesse suprême, Impératrice de l'univers, Energie suprême et primordiale, sauve-moi.

śrī bhuvanēśvari rāja rājēśvari
ānanda rūpiṇi pālaya mām
amṛtānanda rūpini pālaya mām
amba paramēśvari akhilāndēśvari
ādi parā śakti pālaya mām

śrī bhuvanēśvari rāja rājēśvari
ānandamāyi mā pālaya mām
amṛtānanda mayi mā
pālaya mām

O Toi qui règnes sur la terre, Tu règnes sur les rois, Toi dont la forme est béatitude, protège-moi ! Protège-moi, Amritanandamayi. O Mère, Déesse suprême, Impératrice de l'univers, Énergie suprême et primordiale, protège-moi ! Toi qui es toute Béatitude, protège-moi!

AMBĒ PĀHIMĀM

ambē pāhimām jagadambē pāhimām
sarva mangaḷayāmen ambē pāhimām

O Mère, O Mère de l'univers, protège-moi. Tu es tout ce qui est favorable, O Mère, protège-moi.

ammē nin vātsalyam nukarunna samayam
amṛtānanda mayam hṛdayam
kanivōde ñangaḷe ammē nī tazhukumbōḷ
kuḷir candanattin layam... manassil

Quand je goûte Ton affection maternelle, mon cœur déborde du nectar de la béatitude. O Mère, Ta caresse pleine de tendresse est apaisante comme la pâte de santal.

aśru bindu kaḷām pūkkaḷumāyi varum
arumakkiṭāngale kānumbōḷ
ammē nin mizhikalum niṛaññu tuḷumbunnu
aśaranaril kṛpa coriyunnū

Lorsque Tes enfants chéris viennent T'offrir les fleurs de leurs larmes, Mère, Tes yeux aussi se remplissent de larmes et Tu pleures, répandant Ta tendresse sur ceux qui n'ont pas d'autre refuge.

āpāda madhuram nin nāma saṅkīrtanam
aviśmaraṇīyam ammē - tava bhāva darśanam
apāra samsāra sāgaram māyunnu
akatāril teḷiyunnu nin sannidhānam

Qu'il est doux d'entendre psalmodier Ton nom divin. La manière dont Tu manifestes le Divin (Krishna et Dévi) est inoubliable. L'océan sans fin de la transmigration cesse alors d'exister et mon cœur ressent clairement Ta présence.

AMBIKĒ ENNANTARANG

ambikē ennantarangē viḷangunna
sundara surabhila nimiṣangaḷil
ānandābdhiyil ūḷiyiṭṭūḷiyiṭṭu
ākave unmattayākum ñān
ākave unmattayākum ñān

Quand la déesse Ambika brille dans mon cœur, je suis comme ivre. En ces instants rares et beaux, perdu de béatitude, je plonge profondément dans le bonheur, ivre d'extase.

attiru cintāsaraṇiyilpeṭṭu
ī lōka bhōgangaḷellām
pāṭē maṛannū paṛannu paṛannu nin
pādē layikkum ñān

Parcourant la voie sacrée de Ton souvenir constant, j'oublie tous les plaisirs du monde, je m'élève vers les hauteurs (spirituelles) et je me fonds dans Tes Pieds sacrés.

AMMA TANNĀ MAṬI TAṬṬIL

amma tannā maṭi taṭṭil paṟannettān
sad gurō nī ciṟa kēkukillē

O Satguru, me donneras-Tu des ailes, que je puisse m'envoler pour venir me blottir dans le giron merveilleux de ma Mère ?

rāveriññīṭunnu
rāppāṭi māzhkunnu
ñān uṟangāte karaññiṭunnu

L'aube pointe, la chouette hulule encore et j'ai passé toute la nuit à pleurer en appelant ma Mère.

makkaḷ tan pāpa viṣam vizhuṅgum tyāga
ganga tan tīrtthattil ennaṇayum?

Quand m'unirai-je aux eaux sacrées du Gange, le fleuve qui reste pur après avoir lavé les péchés mortels de Ses enfants ?

ventu nīṟunna
varkkakṣaṇam āsvāsam
nalkīṭum ammaye ennu kāṇum

Quand verrai-je la Mère qui soulage aussitôt ceux qui se consument intérieurement, leur énergie rassemblée dans un seul désir ?

ammē dayāmayī collu collinnu ñān
eṅgane ammayil vannu cērum

O Mère, Incarnation de la compassion, dis-moi, dis-moi aujourd'hui — comment puis-je me fondre en Toi, O Mère ?

nāmam cirakākki dhyānam cirakākki
prēma vyōmattil uyarnnīṭānō?

Puis-je m'envoler sur le véhicule aérien appelé Amour, dont les deux ailes sont la répétition de Ton nom sacré et la méditation ?

kāma koṭuṅkāttu cīṟiyaṭikkunnu
krōdha miṭiveṭṭi minniṭunnu

Autour de moi, les vents du désir hurlent et soufflent en rafales. Fulgurantes comme l'éclair et le tonnerre sont les explosions de colère.

mōha karim kūriruṭṭi luṭengane
dūra dūram parannettiṭum ñān

Comment vais-je couvrir toute cette distance rien qu'avec mes deux ailes, comment traverser les ténèbres de l'illusion, aussi noires que l'encre ?

enni lūṭen cidākāśattilēkku ñān
ūḷiyiṭṭūrnnu parannīṭaṭṭe

Prenant mon envol dans le ciel intérieur, permets que je m'élève vers les sommets de la pure conscience.

ā vyōma vistāra tīrattengō amma
darśanam nalkum kalari undu

Quelque part, dans cette dimension supérieure, se trouve le temple où ma Mère est assise et donne darshan.

AMMĀ TĀYĒ JAGANMĀTĀ

ammā tāyē jaganmātā ammā tāyē jaganmāyē
untan karunai tēṭi vantēn
entan kavalai akala kandēn
ammā amṛtānandamayi tāyē tāyē amṛtānandamayi

O Mère, Tu es la Mère de l'univers. O Mère, Tu es la Mère de ce monde d'illusion. Venu en quête de Ta compassion, j'ai vu mes souffrances s'évanouir.

tara vēndum eppozhutum un pārvai enakku
vara vēndum eppozhuthum un ninaivē enakku
kōṭi poruḷum īṭal un malaraṭikku
vāzhkkāyin poruḷ tanta tāyē nī enakku

Daigne m'accorder Ton attention constante. Puissé-je me souvenir de Toi à chaque instant. L'abondance de richesses n'est rien à côté de Tes pieds sacrés. Tu m'as montré le but de cette vie, O Mère.

nīyalla tillai śeyal ellām ulakil
nān enṭre eṇṇam vaḷarāmal manatil
tan nalam illāmal paṇiyātta nal
varamaruḷa vēndum ammā nī enakku

Nul autre que Toi n'agit en ce monde. Ne laisse pas la notion de l'ego grandir dans mon mental. Accorde-moi la faveur de travailler pour Toi sans rien désirer en retour, O Mère.

arivilla enakku jñāna mozhi tantu
azhiyum poruḷai uṇaravi śeytu
azhivillā ānanda poruḷai kāṭṭi
āṛutal tara vēndum tāyē nī enakku

Donne la sagesse de la Connaissance à l'ignorant que je suis et fais-moi comprendre la nature de ce qui est transitoire. En me révélant l'essence immuable du bonheur éternel, O Mère, laisse-moi goûter le nectar de la béatitude éternelle.

AMMĒ AMMĒ

ammē ammē ammē ammē
ennātma sangītamē
ammē nin kuññine rakṣichu koḷḷuvān
vaikunnatentē param poruḷe
kēṇu kēṇīvana vīthiyil ambikē

vīṇu kiṭakkanō ennumennum

O Mère, O Mère, O Mère, O Mère, ce chant jaillit de mon âme. O Mère divine, pourquoi tardes-Tu à sauver Ton enfant ? Dois-je souffrir éternellement dans ce monde terrestre, pleurer et gémir, sans pouvoir espérer la fin de ma souffrance ?

jīvitam tannu nī vāsana tannu nī
nīṛumī māyayil taḷḷi enne
kālam kazhiyunnu jīvan eriyunnu
kandatillammaye mātraminnum (ammē ammē...)

Tu m'as donné cette vie, Tu m'as donné ces désirs et Tu m'as poussé dans la fournaise de ce monde illusoire. Le temps passe et la vie continue, douloureuse, mais hélas, je n'ai pas encore vu ma Mère !

ninnē varuttiṭān ententum ceytiṭām
innē veṭiññiṭām entu mentum
kaṇṇīr coriññu hṛtkkaṇṇē viḷippu ñān
maṇṇinum viṇṇinum ammē ammē (ammē ammē...)

Pour que Tu viennes, je ferai n'importe quoi, même le plus difficile ; je renoncerai à tout, même à ce qui m'est le plus cher, à l'instant même. Mon œil intérieur, l'œil de mon cœur, verse des larmes et son appel résonne sur la terre et dans le ciel : Mère, O Mère !

AMMĒ AMṚTĀNANDAMAYĪ

ammē amṛtānandamayī dēvī...anugrahikkū
ivane...anugrahikkū
ajñānam naśikkān ānandam kaivarān
anugrahikkū dēvī nī anugrahikkū

O Mère Amritanandamayi Dévi...bénis-moi, bénis-moi je T'en prie, afin que mon ignorance soit détruite et que je connaisse la béatitude, bénis-moi, O Dévi, bénis-moi..

mayāndhakārattil varzhitēdi alayumī
ezhayām ennil kaniyū dēvī nī anugrahikkū
ārōrum illāte pāpa bhāravumentī
alayunnu ñān dēvī nī anugrahikkū

O Dévi, fais preuve de compassion et bénis ce malheureux qui cherche en vain le chemin qui traverse les ténèbres de l'illusion cosmique. Chargé d'un fardeau de péchés, j'erre impuissant et solitaire, bénis-moi, je T'en prie O Dévi.

nin divya darśanam ēkī nīyennil ammē
karuṇa mazha coriyū... dēvī nī anugrahikkū
ā divya divyangaḷam nimiṣaṅgal kāttu
tapassu ceyyum ñān dēvi nī anugrahikkū
nī anugrahikkū

Accorde-moi la vision de Ta forme divine, O Mère, répands sur moi Ta compassion et bénis-moi. En attendant cet instant de béatitude (où je verrai Ta forme divine) je demeure en constante méditation. O Dévi, je T'en prie, bénis-moi.

AMME AMṚTĀNANDAMAYI SARVĀGAMA

ammē! amṛtānandamayī!
sarvāgama mantramayī
ammē viśva prēma mayī
vandē mātā praṇavamayī

O Mère Amritanandamayi, Tes paroles sont les mantras de toutes les Ecritures, O Mère, Tu es la Mère universelle la plus tendre qui soit. Salutations à Toi, incarnation du pranava (OM).

anupamamamme nin tiru mizhikaliḷ
ozhukum karuṇā rasa laharī
anupadam ammē! nin tiru mozhikaliḷ
aliyān en karaluzharī... (ammē)

Le nectar de compassion qu'exprime Ton visage est incomparable. A chaque pas, le seul désir de mon cœur est de se dissoudre dans Tes douces paroles.

aṟiyillamme! engane en karal
atiyaravāyī nin kazhaliḷ
ala katal poleyapāra kṛpāmṛtam
ozhukum nin tiru natayil! (ammē)

O ma Mère, j'ignore comment mon cœur est venu prendre refuge à Tes pieds sacrés, dont il est l'esclave. Pareil aux vagues de la mer, le nectar de la compassion s'écoule à chaque instant de Ta demeure sacrée.

AMMĒ YĪ JĪVENDE

ammē yī jīvente
kaṇṇunīr oppuvān
ammē yī jīvannu śānti nalkān
ammē jaganmayī aṅgallā tillārum
nin pādalābha māṇātma lābham

O Mère de l'univers, nulle autre que Toi ne peut essuyer les larmes de cette âme ni lui donner la paix. Arrivée à Tes pieds, l'âme s'éveille.

kaṣṭam! manassinnum lakṣyattilettāte
dukhi cuzhalunnu māyayālē
niṣkāma bhakti yōṭe eppōzhum nin kazhal
keṭṭippuṇarān anugrahikkū

Hélas ! Mon mental est encore plongé dans la douleur, égaré dans l'illusion (maya) avant d'avoir atteint le but. Bénis-moi, je T'en prie, afin que je T'étreigne éternellement avec pure dévotion.

ghōra samsāra mahārnavam tannil nin
pādāravindam āṇiṅgabhayam
nīṛi pukayumenn ātmavil ittiri
snēhāmṛtam tūkān nī varillē?

Dans l'océan terrifiant du cycle des naissances et des morts, Tes pieds de lotus sont le seul refuge. Ne viendras-Tu pas répandre un peu du nectar de l'amour sur mon être qui se consume ?

kāṇi nēram kalaññīṭāte nin kazhal
cinta ceyyunnōrī pinchu kuññīl
kāla viḷambam varāte en amma nī
cārattaṇaññātma śānti nalkū

Ce petit enfant médite constamment sur Ta forme. Je T'en prie, ne me fais plus attendre, tire-moi à Toi et accorde la paix à cette âme torturée.

AMṚTAMAYI ĀNANDAMAYI

amṛtamayi ānandamayi amṛtānandamayī
amṛtamayi ānandamayi amṛtānandamayī
ammē amṛtānandamayī

O déesse de nectar, déesse de la béatitude immortelle, O Mère Amritanandamayi, O déesse de nectar, déesse de la béatitude immortelle.

maruvuka māmaka mānasa tāril
marataka maṇi varṇṇē
aṭiyanorāśrayam ennum ninnuṭe
caraṇāmbujam ammē

Viens demeurer dans mon cœur, Toi dont le teint évoque la beauté de l'émeraude. Tes pieds de lotus sont le seul refuge de ce pauvre être.

kaṇṇinu kaṇṇāyi uḷḷil viḷangum
kaṇṇanum ammē nī
sarvva jagattinu mātāvām
jagadambayum ammē nī

Toi qui rayonnes de l'intérieur, œil intérieur de l'œil extérieur, Tu es aussi la Mère de Kanna. Tu es la Mère de l'univers entier, la déesse de cet univers.

karayum makkaṭe kaṇṇīr kaṇdāl
karaḷ aliyunnavaḷē
kanivām pālu koṭuttu talōṭum
karuṇāmayiyammē

O Mère, lorsque Tu vois Tes enfants pleurer, Ton cœur fond de sollicitude. Tu les nourris du lait de la tendresse. Tu les caresses affectueusement, O Mère pleine de compassion.

tāvaka pāda sarōjamiha pūjanam
mānasa paramānandam
mātāvē nin makanāmivane
kaiveṭi arutamme

Dans l'adoration de Tes pieds de lotus, l'esprit trouve une béatitude infinie. O Mère, je T'en prie, n'abandonne pas Ton enfant.

AMṚTĀNANDAMAYĪ AMMĀ

amṛtānandamayī ammā amṛtānandamayī
umaye mūkāmbikayē
mūvulakin nāyakiyē
uṇmaye tann uṇmaye
veṇmayāl maṛaitavaḷe
uyirāna uyirkaḷellām stutippavaḷe ammā nī
uṛavōṭu kāpāttu
uṭal edutu vantavaḷe

Ouma moukambika, Impératrice des trois mondes, derrière le voile blanc, Tu caches la Vérité, Ta véritable nature. Tous les êtres vivants Te vénèrent, Amma ! Sauve-moi en m'attachant à Toi, O incarnation de la Déesse.

ammā...ammā...ammā...
uṇmai tēdi tēdi ulakellām nān alainten
ulakellām payanam śeytum uṇmaye kāṇavillai
uṇmai kāṇa alainta nān unniṭattil vantai ammā
uṛavōṭu kāppāttu uṇmaikkāṭṭa vēndum ammā

En quête de la Vérité, j'ai parcouru le monde entier, mais en vain. En quête de la Vérité, je suis venu à Toi, Amma. Sauve-moi en m'attachant à Toi et montre-moi la Vérité, Amma !

ammā...ammā...ammā...
ulakam un anbukkāge
pichai kēkkut ammā
unnai kāna mūvūlakum
tuṭiyāi tuṭikutammā
un caraṇam vaṇaṅkiṭa ulakellām kotikkut ammā
uḷḷurukki anbukkāṭṭa tāmatam vēndā ammā

Le monde implore l'aumône de Ton amour. Les trois mondes se consument de souffrance dans l'attente de Ta vision, Amma ! Le monde brûle du désir ardent d'adorer Tes pieds. Ne tarde plus. Laisse Ton cœur fondre de compassion et révèle Ton amour.

AMṚTĀNANDAMAYĪ JANANI

amṛtānandamayī janani
karuṇāmayī nī kṛpāmayī nī
vijñānamayī ānandamayī ammā
amṛtānandamayī

Mère Amritanandamayi, Tu es l'incarnation de la miséricorde, de la compassion, de la sagesse et de la béatitude.

vijña vināśini vināyaka janani
divya mayī amma vidyāmayi
buddhi pradāyini vēda svarūpiṇi
bōdhamayī amma
satcinmayī amma
amṛtānandamayī

Tu détruis tous les obstacles, Mère de Vinayaka (Ganesh). Mère, Tu es l'incarnation de la sainteté, de la connaissance. C'est Toi qui nous dotes de l'intellect, les Védas sont Ta forme. O Mère Amritanandamayi, Tu es le Soi, pur et conscient.

pustaka dhāriṇi vīnāpāni
brahma svarūpiṇi sarasvati
dēvi mahālakṣmi pārvati śaṅkari
ādi parāśakti jagadambikē amma
amṛtānandamayī

Amritanandamayi, Tu es Sarasvati, déesse de la Connaissance, Tu tiens le livre (les Védas) et la vina (luth indien). Tu es Brahman. Tu es Mahalakshmi, déesse de la Fortune, Parvati, déesse de la Puissance Sankari, qui accorde ce qui est favorable et adi para sakti, la puissance primordiale.

brahmamayī amma viṣnumayī
śaktimayī śiva śaktimayī
śrī kṛṣṇa bhāvamāyī
parāśakti bhāvamāyī
kāttaruleṇam jagadambikē amma
amṛtānandamayī

Tu es Vishnumayi, la puissance dynamique du Dieu qui protège, et Shiva-Shakti, l'aspect passif et l'aspect actif de la pure Conscience. Mère de l'univers, je T'en prie protège-nous en adoptant le Krishna Bhava et le Dévi Bhava, O Amritanandamayi.

AMṚTĀNANDAMAYĪ JAY JAY

amṛtānandamayī jay jay
sad guru rūpiṇi mā
mangaḷa kāriṇi mā
vandē karuṇā nirjhari mā (amṛta...)

Victoire ! Victoire à Mère Amritanandamayi, qui a pris la forme du gourou. Salutations à la Mère qui accorde tout ce qui est favorable, Mère, Tu es le flot ininterrompu de la grâce.

prēma taranginị mā jai jai
vimala suhāsini mā
subhāvaraṇa lasē vandē
jyōti sukēśini mā (amṛta...)

Victoire ! Victoire à Mère, rayonnante dans ses vêtements blancs, dont le sourire pur fait naître des vagues d'amour. Salutations à la Mère resplendissante aux cheveux adorables.

satya svarūpiṇi mā jai jai
nitya nirañjini mā
śakti mahēśvari mā vandē
bhakti rasōnmanī mā (amṛta...)

Victoire ! Victoire à Mère, incarnation de la Vérité, qui fait nos délices éternels. Salutations à Mère, à la grande déesse Shakti, à la béatitude de l'amour divin.

karma vidhāyini mā nityam
adharma vibhañjini mā
jagadōdhāriṇi mā vandē
jagad sañcālini mā

O Toi qui accordes les fruits de l'action, éternelle destructrice de l'injustice. Salutations à la déesse omniprésente qui élève la conscience du monde et se déplace dans tout l'univers.

sadguru jñānamayī jai jai
tyāga nidarśini mā
dukha vimōcini mā vandē
sadgati dāyini mā

Victoire, victoire à Mère, maîtresse de la connaissance qui manifeste le renoncement authentique. Salutations à Mère, à Celle qui détruit la souffrance et accorde le but de la vie.

AMṚTĀNANDAMAYI MĀ TUCCH KŌ

amṛtānandamayi mā tucch kō lākhō praṇām
lākhō praṇām tucch kō kōṭi praṇām

O Mère Amritanandamayi, des centaines de milliers de fois je me prosterne devant Toi !

jai jai sarasvati mātā tucch kō lākhō praṇām
lākhō praṇām tucch kō kōṭi praṇām

Victoire, victoire à Mère Sarasvati (déesse de la Connaissance) des centaines de milliers de fois je me prosterne devant Toi !

jai jai lakṣmi mātā tucch kō lākhō praṇām
lākhō praṇām tucch kō kōṭi praṇām

Victoire, victoire à Mère Lakshmi (déesse de la fortune et de la prospérité), des centaines de milliers de fois je me prosterne devant Toi !

jai santōṣi mayyā tucch kō lākho praṇām
lākhō praṇām tucch kō kōṭi praṇām

Victoire à Mère Santoshi, des centaines de milliers de fois je me prosterne devant Toi !

gōvārdhana giridhāri tucch kō lākho praṇām
lākhō praṇām tucch kō kōṭi praṇām
śata kōṭi praṇām

Des millions de prosternations devant Sri Krishna qui a soulevé la Montagne Govardhana. Des centaines de milliers de fois je me prosterne devant Toi !

AMṚTĀNANDAMAYĪ SADGURU

amṛtānandamayī sadguru mama jananī
mama manō rañjinī bhava bhaya bhañjinī
amṛtānandamayī

Amritanandamayi est mon Satgourou et ma Mère. C'est Elle qui me subjugue et qui anéantit toutes les peurs engendrées par l'attachement au monde.

kaṭal ōḷangaḷ pōl duritaṅgaḷ
amṛtānandamayī
aruḷvāyi mama jananī
aśaraṇanivanāyi
tava pada malarina
tuṇayāyi mama jananī

Telles les vagues de l'océan qui se succèdent, les vagues de la souffrance déferlent sur moi. O Mère Amritanandamayi, que Tes pieds de lotus soient les compagnons fidèles du malheureux que je suis.

alayum kaliyin veyilil ivaniha
amṛtānandamayī taṇalāyi mama jananī
iruḷ potiyum mama matiyil
arivin oḷiyāyi mama jananī

Tandis que j'erre sous le soleil brûlant du Kali Yuga, O Mère Amritanandamayi, Tu m'apportes de l'ombre. Tu es le rayon de lumière qui éclaire mes pensées enveloppées par les ténèbres.

AMṚTAPURĒŚVARI DĒVĪ

amṛtapurēśvari dēvī dayāmayī
tava caraṇam śrithajana śaraṇam
anupamam amba; tavamala jīvitam
aka mukham āyaṛivōrk akhilam

O Dévi, Toi qui règnes sur Amritapuri, abondance de miséricorde, Tes pieds sont le refuge de ceux qui s'abandonnent à Toi. Ta vie si pure est unique, et pour ceux dont le regard est tourné vers l'intérieur, elle est source de la Connaissance.

puḷakitham amba tavasmaraṇam hṛdi
tava naṭanōtsava bhāvarasam
kuḷir mizhi nīril viṭarnna japāñjali
malarukaḷ tāvaka pādasaram

Mère, quand je me souviens de Toi, j'entre aussitôt en extase et tous les poils de mon corps se dressent ; sous l'effet de Ta danse divine, mon cœur exulte. Tes bracelets de chevilles sont les fleurs qui s'épanouissent dans la fraîcheur de mes larmes, offertes en adoration.

tava tiru cēvaṭi kūppuvatengane
akṛtikaḷ uḷḷu ṇarāta janam
avarilum amba! kṛpā madhu tūki
anugraham ēkuvatā hṛdayam

Comment ceux qui n'ont pas accompli d'actions vertueuses et dont l'esprit ne s'est pas éveillé pourraient-ils jamais espérer se prosterner à Tes pieds sacrés ? Mais la compassion qui anime Ton cœur est telle, que Tu répands pourtant sur eux Ta grâce et les bénis.

aṇiyaṇiyāy anuvāsaram ākula
karma śataṇgaḷil uḷḷurukī
priya sutaramba tavānghrikaḷil
bhava - bhāram ozhichu ramippu sukham

Chaque jour un flot incessant d'actions engendre la souffrance et rend le cœur douloureux. Mère, Tes enfants chéris viennent déposer à Tes pieds le fardeau de la vie dans le monde et goûtent alors le bonheur.

curulala pōle samṛdhiyezhum nija
karimukil vēṇi maṛachu sadā
paṇimati, veṇmukil cuzhnnoḷi vīsi
vaṭiviyalunna mukhāmburuham

Pareilles aux sombres nuages de pluie, les boucles abondantes de Tes cheveux cachent Ton visage qui resplendit, semblable à la pleine lune entourée de nuages.

kanivozhukum mizhi mañju mṛdusmita
mamṛtoḷi vāṅgmadhu māsmaramām
kara parilāḷana cumbana ātmana
kalavikaḷ amba vimōhanamām

Ton regard miséricordieux, Ton tendre sourire, Tes paroles de nectar et de miel nous subjuguent. Tes caresses, Tes baisers et Tes jeux nous enchantent, O Mère.

eḷimayil eḷima pakarnnoru śikṣaṇa
dakṣatayāl nija siṣya gaṇam
tavapādarēnu aṇiññu munīśvara
padavi varichuyarunnaniśam

Grâce à l'entraînement efficace que Tu leur donnes, Tu rends Tes disciples infiniment humbles. Ils portent la poussière de Tes pieds et avancent ainsi chaque jour un peu plus vers l'état de conscience des grands sages.

bharata janitri munīndra kula prasu
vulakitilenna viśeṣa padam
amṛtapurēśvari sārthakamay
tava tiru avatāra kathā sudhayāl

O Amritesvari, les histoires exquises de Ta divine incarnation vérifient l'ancien adage qui déclare que l'Inde est la Mère des saints et des sages sur cette terre.

dhanamada tṛṣṇa muzhuttu timarttu
puḷaykkumiṭattilatāsakalam
kanavu kaṇakku veṭiññuyuvōṣmaḷa
hṛdaya śataṇgaḷ tavārchakarāy

Alors qu'ici-bas les riches deviennent hautains, des centaines de cœurs jeunes et ardents, Tes adorateurs, renoncent à tout comme à l'illusion d'un rêve.

mahiyil mahēśvara pūja janāvana
tāpamatiluḷḷu kulirttu dṛḍham
aha mozhivākki anaśvarar ākuvat
amṛtapurēśvari tan niyamam

L'adoration de Shiva et les austérités qui occupent le mental et le rendent ferme, détruisant ainsi l'ego, telle est la règle établie par Amritapuresvari, la Mère, pour ceux qui désirent devenir immortels sur cette terre et pour tous en général.

hṛdaya malarkkaṇi vechu vaṇaṇgiya
mōgha kṛtārtthata nēṭiyavar
diśi diśi tāvaka kīrtti paratti
udikkukayāy nava satya yugam

Ceux dont la vie est devenue pure et épanouie en offrant la fleur de leur cœur répandent Ta gloire dans le monde, et font advenir un nouveau Satya Yuga (l'âge de la Vérité, l'âge d'or).

AMṚTAVARṢIṆI

amṛtavarṣiṇi ammē harṣakāriṇi
atula śālinī ammē bhuvanamōhini
mṛdula bhāshiṇi ammē mauna bhāṣiṇi
triguṇa kāriṇi ammē hṛdayahāriṇi

Amma, Tu ne cesses de verser sur nous des flots de nectar. Source de la béatitude éternelle, Tes prouesses sont inégalées et Ta maya plonge constamment le monde dans l'illusion. Tu parles avec douceur, mais Tu T'exprimes et enseignes aussi en silence. Tu es la source des trois gunas (qualités de la Nature). Amma, Tu dérobes les cœurs.

tripura sundari ammē tribhuvanēśvari
hṛdivihāriṇi ammē triśūladhārini
abhayadāyini ammē amaravāhini
bhavabhayāpahē ammē pāhimāmbikē

Amma, Reine des trois mondes, grande est Ta beauté. Tu joues constamment dans les cœurs. Tu portes le trident et nous protèges de toutes les peurs et de toutes les calamités. Les dieux sans cesse Te vénèrent. Protège-nous, O déesse, Toi qui détruis la peur de la naissance et de la mort.

bhuvanamōhanam ammē tāvakānanam
kalivināṣanam ammē nin prakīrttanam
bhavadanugraham ammē bhavatu pratyaham
manasi sarvadā ammē lasatu nin padam

Contempler Ta forme nous subjugue et réjouit le cœur. Chanter Ta gloire et Tes louanges annule les péchés du Kali yuga. Les dieux célèbrent Ta grandeur, O Béatitude immortelle. Tu anéantis les désirs et Tes pieds de lotus sont notre trésor éternel.

karaḷinutsavam ammē tava jayōtsavam
kavana mōhanam ammē tava kathāmṛtam
sujana nandinī ammē sukrita rañjinī
amṛtavāhinī ammē amarasēvini

Entendre les récits de Ta gloire est une fête pour l'esprit. Ces histoires sont l'ambroisie dont nous sommes enivrés. O Amma Tu es nectar, les dieux sans cesse Te vénèrent, Toi qui protèges et ravis ceux qui font de bonnes actions.

natajanāvalī ammē suma bharāñjalī
ayi mahēśvarī ammē ārti hārinī
kṛta yugōdayam ammē tāva kōdayam
tava padāmbujam ammē nikhila kāmadam

O Mahesvari, Tu nous libères de l'avarice, pour les habitants de ce monde, la seule voie est de T'adorer les mains jointes. Tes pieds de lotus exaucent tous les désirs.

AMUTAM POZHIYUM

amutam pozhiyum ānanda rūpiṇi
amṛtānandamayi ammā amṛtānandamayi
idaya malaril amṛtam pozhivāye
amṛtānandamayī ammā

O Mère Amritanandamayi, incarnation de la Béatitude, daigne répandre dans mon cœur le nectar de l'immortalité.

praṇava poruḷāyi viḷankum tāyē
un tāmarai pādamē śaraṇam
taḷarum enakku nizhal tarum karpagamē
un pādame enakku śaraṇam

Tu brilles sous la forme du OM. Tu accordes refuge à ceux qui sont las de la vie dans le monde, Tu es pour eux l'arbre qui exauce tous les désirs. Je prends refuge à Tes pieds de lotus.

muzhukum enakku kalamāyi varuvāyi
piṟaviyai aṟuttu viṭutalai taruvāyi
eṅkaḷ manatil enṟum oḷirvāyi
untan uṇarvvinai entrum taruvāyi

Je me noie dans l'océan de cette existence. Je T'en prie, sauve-moi et conduis-moi sur l'autre rive de cet océan. Daigne me libérer en brisant la chaîne de la naissance et de la mort. Puissé-je toujours percevoir Ta lumineuse présence dans mon cœur.

ANĀTHANĀKKARUTĒ

anāthanākkarutē ivane sanātanī lalitē
anāthanākkarutē ivane sanātanī lalitē
anātharaśaraṇar tiṅgumī bhuvanam
nitānta dukha vihāram

O Lalita, ne me laisse pas seul, orphelin que je suis. Ce monde qui regorge de malheureux et d'orphelins est la demeure éternelle de la souffrance.

naṟumaṇam utirum malarukaḷanavadhi
vilasunnu nin mānasa vāṭiyil
kozhiyunnorī pūvin vēdana
aṟiyunnuvō nī hṛdayēśvarī

Au jardin de Ton cœur, abondent les fleurs au doux parfum. O Souveraine de mon cœur, ignores-Tu la douleur de cette fleur qui se fane ?

tava caraṇāmbujam abhayam tēṭi
kanavukaḷ pōlētra varṣangaḷ maraññu
kaniññatillinnum karuṇāmayī ambā
coriyuvatennō nin kṛpā kaṭākṣam

Combien d'années se sont écoulées en vain, comme un rêve, en quête du refuge de Tes pieds de lotus ? Ma Mère si miséricordieuse n'a pas encore manifesté sa compassion. Quand me prodiguera-t-Elle la grâce d'un regard ?

ANĀDINIDHANĒ

anādinidhanē anupamacaritē
amṛitānandamayī matē (amara vidhāyini mātē)
akaluṣa hṛdaya vihāriṇi ramaṇī
akhila carācara jananī
śive śivapare śivamayacaritē
śiva mana nilayē śubhadē
śruti pada naṭana manōhara caraṇe
śaraṇāgata jana varadē

harihara sahitē surajanavinutē
parasukha vitarana niratē
madhumaya mṛduhasitānana mahitē
manalaya dāyini lalitē

kuvalaya nayanē kisalaya caraṇē
natajana pālana hṛdayē
vikasita kamala sukōmala vadanē
bhava bhaya śamane vandē

anādinidhanē	O Toi qui détruis depuis la nuit des temps
anupamacaritē	dont l'histoire est incomparable

amaravidhāyini	qui décrètes l'immortalité
mātē	O Mère
akaluṣahṛdaya vihariṇi	qui te divertis dans un cœur paisible
ramaṇi	qui donnes une joie pleine d'amour
akhila caracara janani	Mère de tous les objets, animés et inanimés
śivē	Toi qui es favorable
śivaparē	Toi qui es supérieure au dieu Shiva
śivamayacaritē	dont les antécédents sont favorables
śivamananilayē	dont la demeure est le cœur de Shiva
śubhadē	qui accordes ce qui est favorable
śrutipadanadana manōhara caraṇē	qui exécutes de beaux pas de danse au rythme de la musique
śaraṇagata jana varadē	qui accordes des faveurs à ceux qui ont pris refuge en Toi
kuvalayanayanē	dont les yeux sont pareils aux fleurs de lotus
kisalayacaraṇē	dont les pieds ont la douceur des feuilles tendres
natajanapalana hṛdaye	qui protèges sans cesse les humbles par la pensée
vikasitakamalasukōmala vadanē	dont le visage est aussi beau et charmant qu'une fleur de lotus épanouie
bhavabhaya samanē	qui détruis la peur de renaître
vandē	Je Te salue

ĀNANDA RŪPINIYE

ānanda rūpiṇiye tiraññu
amṛta svarūpiṇiye tiraññu
ajñāna nāśini jñāna pravāhini
ātma svarūpiṇi ennaṛiññu

Je T'ai cherchée, Toi l'Immortelle, je T'ai cherchée, Toi, l'incarnation de la béatitude. Toi qui détruis l'ignorance, source de la connaissance, je savais que Tu étais le Soi divin..

kaṇtuṛannīṭuvōr kandīla nin rūpam
kātōrttirunnavar kēṭṭīla nin nādam
kaṇṇaṭachīṭu.... kātaṭakīṭu
uḷḷil teḷiyum hṛdaya nivāsini

Ceux qui ont gardé les yeux ouverts n'ont pas pu voir Ta forme divine. Ceux qui essayaient d'écouter attentivement n'ont pas entendu Ta voix. Fermez les yeux, bouchez-vous les oreilles, Celle qui demeure dans le cœur brillera alors dans votre être intérieur.

ellā bhāgyaṅgaḷum maṛaññāl mātram
kiṭṭunna saubhāgyammē
ellā saundaryavum maṛannāl mātram
kiṭṭunna saundaryamē

Tu es la véritable fortune que l'ont obtient quand on rejette tous les autres biens ; Tu es la beauté que l'on contemple quand on oublie toutes les autres formes de beauté.

uḷkkaṇ tuṛakkuvān śakti ēkīṭaṇē
unmattan ākkīṭanē
uḷḷil teḷiyunna nāḷ varēyum
kaṇṇunīril kuḷichīṭum ñān

Accorde-moi l'énergie qui ouvrira l'œil intérieur. Enivre- moi de béatitude. Jusqu'au jour où Tu brilleras en moi, je serai baigné de larmes.

ĀNANDA SĀGARA

ānanda sāgara muralidharā
mīra prabhu rādhē śyām vēṇu gōpālā

nanda yaśōdā ānanda kiṣōrā
jai jai gōkula bāla jai vēṇu gōpāla

O Océan de Béatitude, Tu tiens une flûte, Seigneur de Mira Bai, Radhakrishna, (le) petit pâtre qui joue de la flûte, fils de Yashoda, béatitude de Kishora. Victoire au petit pâtre de Gokoul, victoire au joueur de flûte !

ANANTAMĀYI PAṬARUNNA

anantamāyi paṭarunnōrākāśamē
antarangam āveśamāyuṇarunnu
ammē ambikē viśvakanyē
nityē nirāmayē nirmalamē

Le ciel s'ouvre et devient vaste, vibrant d'enthousiasme ; l'être intérieur s'éveille. O Mère, Déesse Ambika, Vierge éternelle, Toi qui es l'Eternelle, Béatitude, Pureté.

arutarutē aviṭunniniyum
aṭiyane mōhitanākkarutē
anudinam viṭarumī hṛdaya vēdanakaḷ
ariññiṭumō nī hṛdayēśvarī

Jamais, Oh.....ne permets plus jamais à celui qui T'implore de succomber à la tentation. Chaque jour qui passe voit grandir la douleur qui habite mon cœur. L'ignores-Tu, O déesse de mon cœur ?

ammayillē enikkammayillē
paṛayū paṛayū ānandamē
ānandam vēndā ārōrum vēndā
nirmala prēma bhakti tarū

N'ai-je pas de Mère ? N'ai-je pas de Mère ? Dis-moi, O Béatitude, dis-moi. Je ne désire ni béatitude ni rien d'autre, accorde-moi seulement l'amour pur et la dévotion.

ANANTA SṚṢṬI VĀHINI

ananta sṛṣṭi vāhini
ananta bhāva śālini
anantate natēśvari
mahēśwari namō namā

Salutations à Toi, O grande déesse, support de la création toute entière, infinis sont les aspects que Tu manifestes ; Tu es établie à jamais dans la danse suprême.

amṛtānanda rūpiṇi
adharma rātri bhañjini
sudharma śarmapōṣini
prabhāmayi namō namā

Salutations à Toi, Lumière éternelle, Mère de l'immortelle Béatitude, Tu brises le silence du cœur de la nuit, Tu protèges le dharma (la Loi divine qui maintient l'harmonie du monde) et l'intégrité du monde.

guru svarūpiṇi śivē
virāga mārga dāyini
mṛdu smitābha śōbhitāsya
pankajē namō namā

Salutations à Toi qui prends la forme du gourou ; déesse Shivaa (féminin de Shiva, avec un a long, ici au vocatif, d'où Shive) au sourire doux et rayonnant, pareil à la fleur de lotus, Tu montres la voie du détachement.

manōmayi manōnmanī
jaganmayi sudhāmayī
satāmgati satāmmatī
sadā śivē namō namā

Nous nous prosternons devant Toi, O déesse Sadashiva, (épouse de Shiva), Tu es toujours présente dans le mental et cependant au-delà du mental, nectar de la béatitude, c'est Toi qui nous guides sur la voie de la Vérité et qui confères l'équanimité nécessaire pour la parcourir.

svargamukti dāyinī
nisarga sarga kārani
cirantanī kirītini
prakāśinī namō namā

Nous nous prosternons devant Toi, O Mère, Toi qui accordes le Ciel et la libération. Tu es la Cause de tout ce qui existe dans la Nature et au-delà, Tu es au-delà du Temps ; parée d'une couronne, Tu brilles d'un éclat divin.

prēma varṣini mahāgha
nāśini suhāsinī
mūla mantra rūpiṇi
sarasvati namō namā

Nous nous prosternons devant Toi, O Sarasvati, Tu répands sans cesse l'amour divin ; Tu détruis les péchés les plus graves et Tu es aussi la forme du mantra primordial.

śrīkari cidambarī
śivaṅkari kṛpākarī
layankari mahēśi
bhadra kālikē namō namā

Nous nous prosternons devant Toi, O Bhadrakali, la forme terrible de Dévi, source de tout ce qui est favorable, Tu es présente dans la totalité de la conscience universelle, déesse remplie de compassion, C'est Toi qui fais que l'individualité se fond dans l'Un.

carācharātmikē samasta
viśvakārini namō
śivātmikē kalātmikē
bhavātmikē namō namā

Nous nous prosternons devant Toi, présente dans toute la création, Cause de l'univers entier. Tu es la vie de Shiva, l'essence de tous les arts, éternellement pure, Toi l'Absolu.

nirmalē nirākulē
nirankusē nirañjanē
nirgunē gunāśrayē
nirāmayē namō namā

Nous nous prosternons devant Toi, pure à jamais, Toi que rien ne peut affecter ; Tu es l'Indifférencié, l'Absolu, la Perfection et la demeure de tous les attributs.

trikōnagē trilōcanē
triśūlini kapālinī
bhavāni bhāgya dāyinī
śmaśāna vāsini namō namā

Nous nous prosternons devant Toi, dont la forme évoque un triangle (tel ceux du Sri Chakra). Déesse aux trois yeux, Tu portes un trident et une guirlande de crânes. O Bhairavi, Tu confères la bonne fortune et Tu vis dans les lieux de crémation.

akhaṇḍa jyōti caṇḍikē
alanghya śakti śaṅkarī
samasta yōga mārga
sampradāyikē namō namā

Nous nous prosternons devant Toi, déesse Chandika éclatante de lumière. Tu es Shankari, à la puissance infinie. C'est Toi qui accordes tous les yogas et l'immortalité.

caṇḍa muṇḍa khaṇḍana
pracaṇḍa ghaṇḍikāravē
niśumbha śumbha ghātinī
bhayankari namō namā

Nous nous prosternons devant Celle qui a détruit les cruels démons Chanda et Munda ainsi que Nishumbha et Shumbha. Envers ceux qui font le mal, Tu te montres implacable.

jhaṇal jhaṇal praghōṣa
khadgacālinī mahābalē
pravardhita prabhāva raudra
caṇḍikē namō namā

Nous nous prosternons devant Toi qui brandis l'épée au son de « jhana jhana », Toi dont la force est infinie. Tu es Chandrika à la croissance infinie, éclatante et féroce.

brahmarūpa śaktirūpa
sarvarūpa dhāriṇi
parātparē parēśvarī
mahēśvari namō namā

Salutations à Toi en qui sont contenus Brahma, Shakti, l'essence de toute chose, Tu transcendes éternellement le Suprême, Toi la déesse suprême.

satya dharma śanti prēma
mūlya samvidhāyikē
nitya śuddha buddha mukta
maṇḍale namō namā

Nous nous prosternons devant Toi qui accordes la Vérité, le respect du dharma, la paix et l'amour. Ta forme est le cercle éternel de la pureté, de la sagesse et de la liberté.

AÑJANA ŚRĪDHARA

añjana śrīdhara cārumūrte kṛṣṇā
añjalī kūppī vaṇangīdunnen
kṛṣṇa harē jayā kṛṣṇa harē jayā
kṛṣṇa harē jayā kaithozhunnen

O Sridhara, enfant au teint sombre comme le khol, beauté resplendissante, les mains jointes en adoration, je Te salue. Victoire à Krishna, salutations à Krishna !

ānandalaṅkārā vāsudēvā kṛṣṇā
ātaṅkamellām akattīṭanē

O Toi qui a la beauté d'un joyau, fils de Vasudéva, mets fin à toutes mes souffrances.

indiranāthā jagannivāsā kṛṣṇā
innende munbil viḷangīṭenē

O Bien-Aimé de Lakshmi (Indira), Maître de l'univers, je T'en prie, viens, resplendis devant moi.

irēzhulakinūm ēka nāthā kṛṣṇā
izheñchu dikkum vanangīdunen

O Krishna, Seigneur des quatorze mondes, les mains jointes, je Te salue.

unnigopālakā kamala netrā kṛṣṇā
uḷḷatil vannu vilangīṭēṇē

O petit pâtre, Krishna aux yeux de lotus, viens, brille dans mon cœur

ūzhiyiḷ vannu pīṛanna bālā kṛṣṇā
ūnam kūṭāttenne pālikkane

O Krishna, enfant divin qui a pris naissance sur cette terre, accorde moi toutes les formes de protection.

ennuḷḷil uḷḷoru tapam [klēśam] ellām kṛṣṇā
ennuṇṇī kṛṣṇā śamippikkane

O Krishna bien-aimé, je T'en prie, dissipe la douleur qui oppresse mon cœur.

eṭalar bananu tulya mūrtē kṛṣṇā
eṛiya mōdenā kaitozhunnēn

O Krishna, Toi dont le corps a la beauté du dieu de l'amour, c'est avec une joie sans pareille que je Te salue les mains jointes.

ayihikamāya sukhattinkal āgraham
alpavum tōnalle gōpabālā

O petit pâtre, fais que je n'éprouve pas la moindre trace de désir pour les plaisirs du monde.

oṭṭallā kautukam antarange kṛṣṇā
ōmal tirūmenī bhangi kānān

O Krishna, je brûle du désir de contempler la beauté de Ta forme, si chère à mon cœur et toujours propice.

otakuzhal viḷi meḷamōde kṛṣṇā
ōṭi varikende gōpabālā

O petit pâtre, tout en jouant une mélodie sur la flûte, je T'en prie, viens en courant !

saundarya kōmala keliśīlā kṛṣṇā
saubhāgya sampattu sāmathi tāye

O bel enfant Krishna, généreux et espiègle, accorde-moi la bonne fortune, la richesse et la prospérité !

ambāṭiyiḷ paṇḍu veṇṇayu pāl pazham
āshayāl bhakṣicha vāsudēvā

O Vasudéva, Toi qui naguère as mangé avec délices du beurre, du lait et des fruits à Ambadi.

APĀRA KRIPĀLŌ

apāra kripālō... arikil nī vāyō
avanīśvarā... kṛṣṇā aruḷvaram tāyō
arimullappuñciri akatāril viriyikkū
azhalpō ennātmāvu kuḷiraṇiyān kṛṣṇa

O Toi dont la compassion est infinie, viens près de moi. Seigneur de la Terre, Krishna, accorde-moi la faveur que je désire. Que Ton sourire pareil au bouton de jasmin s'épanouisse dans mon cœur, y apporte la fraîcheur et dissipe toutes mes souffrances.

kanivinte tikavuttorazhakarnna nayanattin
oḷiyālennakatā ronnuzhiyān nī vā
kanal kattum hṛdayāntarāḷattilittiri
karuna mazha coriyān nī akatāril vā kṛṣṇa

Fontaine intarissable de compassion, que Tes beaux yeux soient la lumière de mon être intérieur. Viens, pluie de compassion, apaiser le tréfonds de mon cœur qui brûle comme la braise, O Krishna.

maṇi murali kayūti naṭamāṭi vā.. mama
manamandirattil nī niṛaññāṭi vā...
śrutilaya sangīta rasadhārayatilūten
matilaya sukhalābha gatinalku nī...
kṛṣṇā matilaya sukhalābha gatinalku nī

Viens en dansant, jouant de Ta douce flûte, viens en dansant, apporter la plénitude au temple de mon cœur. Le ton et le sentiment de Ta musique sont parfaits. Tout en jouant, Krishna, accorde-moi la faveur de connaître le bonheur que l'on obtient quand le mental se fond en Toi.

APĀRA SACHIT

apāra sachit sukha
sāgarame amṛtānandamayī
agati janattinn abhayam nīyē amṛtānandamayī
mātā amṛtānandamayī

Amritanandamayi, océan infini de l'Etre-Conscience-Béatitude, Tu es le refuge des malheureux, O Mère.

azhal veyilēttu taḷarna
manassin uṇarvintamṛtāṇ ammā
kara kāṇāttoru kaṭalallō nin karuṇāmṛtarasa hṛdayam

Mère, Tu es l'élixir qui redonne vie aux esprits épuisés par le soleil brûlant de la souffrance. Ton cœur est l'océan infini qui contient l'ambroisie de la compassion.

kanivozhukum tava mizhimunayālen
karalinnaka monnuzhiyū
anavaratam tava caraṇasmaraṇayil
muzhuki uṇarṇṇozhukīṭān

D'un regard miséricordieux, lancé du coin de l'œil, daigne toucher le tréfonds de mon cœur, afin que je m'éveille à jamais et baigne dans le souvenir constant de Tes pieds divins.

snēham kondu manuṣya manasukaḷ
tazhukum dharayuṭe mātē
sadayam nī kaikkoḷḷuka yennuṭe
hṛdayam pūjāmalarāl

O Mère de la Terre, Toi qui avec amour caresses le cœur de tous ceux qui T'approchent, daigne accepter l'offrande de mon cœur comme une fleur déposée en adoration.

ĀRAṚIUNNU

āraṛi unnu nin mahā vaibhavam
māyā prapaṇcattinādhāramē
āyiram āyiram ā jīva rāsikal
tēṭunnorādivya tējasmitam

Qui, en vérité, connaît Ton plan grandiose ? Tu es le fondement même du monde phénoménal. Le seul objet de la quête des millions d'êtres vivants, c'est Toi, c'est Ta lumière divine.

jīvita bhāvamāyi jīvente jīvanāyi
jīva kāruṇya pratīka māyi
snēhātirēka svarūpamāyi mevunna
jīvāmṛta nandinī - dēvī
jīvāmṛta nandini

O Déesse, Tu es l'essence même de la vie. Dans le mouvement de l'existence, c'est Toi qui interviens avec compassion. Ta nature même est cet Amour, soutien de tout ce qui existe.

tāpasārādhini tāpa samhārini
tāpasānugraha bhāva nāngi
tāruṇyamē mana
lāvanyame varū
tāraka sopānamē... dēvī
tāraka sopānamē

C'est Toi que vénèrent les affligés, c'est Toi qui mets fin à leur souffrance. Tu répands sur tous des bénédictions. Tu es l'échelle qui nous mène vers les hauteurs vertigineuses où brillent les étoiles.

ARIVĀYI AMṚTĀYI

aṛivāyi amṛtāyi akamalaril ciram
amarunnakhila carācara jananī
azhakin niṛavē - aṛivin tikavē
amṛtānandamayī bhava śamanē

O Mère Amritanandamayi, Tu es la Mère de tout ce qui existe, animé ou inanimé, Toi qui demeures dans le lotus intérieur en tant que connaissance suprême et nectar divin. Tu es l'expression la plus parfaite de la Beauté et de la Connaissance, O Mère, Toi qui mets fin au cycle de la transmigration.

uṣassāyi uṇarvāyi ulaka poruḷāyi
maruvum sura muni sēvita caraṇē
karuṇārṇavamē praṇavāmṛtamē
sakalāmaya duritāpaha nayanē

O Océan de compassion, incarnation du pranava (le son Aum), Toi qui, d'un seul regard, anéantis tous les maux, Tu es l'aube nouvelle, l'éveil, la Réalité fondamentale, Toi dont les pieds sont vénérés par les sages et les dieux.

śrutiyāyi layamāyi teḷinīr kuḷirāyi
sirakaḷil unarvāyozhukum taṭinī
karaḷin oḷiyē kavitāmṛtamē
kadana smṛtikaḷe māikkuka jananī

O Mère, Tu es le flot de vitalité qui coule dans mes veines. Tu es la mélodie et l'harmonie de la musique. Tu es la fraîcheur de l'eau vive et pure, O Lumière de mon cœur, source de ma poésie, je T'en prie, efface de ma mémoire tous les souvenirs douloureux.

kanivāyi tuṇayāyi anavaratam hṛdi
tanalaruḷum sura taru vallari nī
pularittēn malar kānti katiroḷi
vitaṛum bhuvana manōhara vadanē

N'es-Tu pas l'arbre céleste qui exauce tous les désirs et qui, dans Ta bonté infinie, procure au cœur une ombre rafraîchissante, Toi toujours si prompte à me secourir ? Ô Mère, le monde entier est transporté d'extase par l'éclat lumineux de Ton visage, pareil à la fleur remplie de nectar à l'aube.

ĀSA NAŚIKKĀTTORĀ

āsa naśikkāttorātura manassē
ālōlamāṭum manassē...
āzhamezhum azhalāzhiyil āzholā
ātmāvil ārati uzhiyū... manassē
ātmāvil ārati uzhiyū

O mon mental, tel un port affairé où les désirs affluent, tu es constamment balloté par leur flot. Prends garde à ne pas sombrer dans l'océan profond de la souffrance. Fais plutôt l'arati à l'atman, garde ton attention concentrée sur le Soi.

ālambamillāte āndhyattil āpatich-
ākulamākum manassē....
ātaṅka muktikkāyi, ānanda labdhikkāyi
ātmāvil ārati uzhiyū... manassē
ātmāvil ārati uzhiyū

Prends garde, si tu continues ainsi, tu finiras par chuter sans aucun support réel, et tu le regretteras profondément. Si tu chéris la béatitude éternelle, si tu souhaites la libération, alors médite, O mon mental, médite sur ta source.

ārṣa gāthāmṛtam ādarichācami
chāśā nirāśatthilūṭe...
āsura bhāvam pōyi ātmāmṛtābdhiyil
āmajjanam ceyka nī manassē....
āmajjanam ceyka nī

Médite sur l'océan de la béatitude intérieure, abandonne tes traits de caractère démoniaques (colère, jalousie, avidité, orgueil, luxure etc-n.d.t.) et suis les enseignements des versets sacrés (des Ecritures).

ĀTMA RĀMA ANANTA NĀMA

ātma rāma ananta nāma
ānanda mōhana śrī parandhāma
māyabhirāma mānasa prēma
sundara nāma suguṇabhirāma

ātma rāma	Celui qui se réjouit dans le Soi
ananta nāma	Dont les noms sont en nombre infini
ānanda mōhana	L'enchanteur plein de béatitude
śrī parandhama	Le But suprême
māyabhirāma	Charmant
mānasa prēma	Dont le cœur est plein d'amour
sundara nāma	Dont les noms sont magnifiques
suguṇabhirāma	Charmant, aux excellentes qualités

ĀYIYĒ GURU MAHĀRĀNI

āyiyē guru mahārāṇi
mātā amṛtānandamayi
jai jai jai mahārāṇi
mātā amṛtānandamayi
śaraṇam śaraṇam amma
abhayam abhayam amma
varuvāy varuvāy ammā
varam taruvāy ammā!

Viens, je T'en prie, O Mère ! Viens et accorde-moi une faveur !

āyiyē	Viens, je T'en prie,
guru mahārāṇi	Reine parmi les maîtres (gourous).
saraṇam	Protège-nous,
abhayam	Accorde-nous Ton refuge.

AYŌDHYA VĀSI RĀM

ayōdhya vāsi rām rām rām
dasaratha nandana rām rām rām
patita pāvana jānaki jīvana
sītā mōhana rām rām rām

ayōdhya vāsi ram	Rama, Toi qui demeures à Ayodhya
dasaratha nandana	Fils de Dasaratha
patīta pāvana	Toi qui purifies ceux qui ont chuté
jānaki jīvana	Toi la vie de Janaki (Sita)
sīta mōhana	Tu enchantes Sita

BĀLAKṚṢṆAKAM KALAYA

bālakṛṣṇam kalaya sakhī sundaram
kṛṣṇam kalaya sakhī sundaram
anganāmanganām
antarēmādhavō
mādhavam mādhavam
cantare nānganā
itthamakalpite
mandale madhyakam
sanchitau vēṇunā
dēvakī nandanam
śrī kṛṣṇa gōvinda harē murārē
hē nātha nārāyaṇa vāsudēva

O mes amies, Krishna si beau et si jeune nous appelle. (2x) Ohé, dames, main dans la main, vénérons Krishna. Allons toutes voir Krishna. Krishna est bien là, à côté de chacune de nous, et il se tient également au millieu de la ronde. La captivante musique de sa flûte nous invite à venir à Lui. Le fils de Dévaki (Krishna) nous appelle.

BHAGAVĀNĒ BHAGAVĀNĒ

bhagavānē bhagavānē
bhaktavatsalā bhagavānē

O Seigneur, O Seigneur, Toi qui es plein d'amour envers les dévots.

pāvana pūruṣā pāpa vināśana
pāpikaḷ mātramāyi pāridattil

O Soi immaculé, Toi qui détruis le péché, il n'y a plus aujourd'hui sur cette Terre que des pécheurs.

nērāya mārgaṅgaḷ nalkuvān ārundu
nārāyaṇā nanma pōyī maṛaññū

O Narayana, qui montrera la voie (aux humains), puisque les êtres vertueux ont disparu ?

satyadharmādikaḷ naṣṭamāyi marttyaril
tatvaṅgalēṭil mātram otungi nilppū

L'humanité a perdu le sens de la vérité et du dharma ; les principes spirituels ne se trouvent plus que dans les livres.

kāṇunnatokkeyum kāpaṭya vēṣaṅgaḷ
katiṭū kaṇṇā dharmam vīndeṭukkū

Partout on ne voit plus que le masque de l'hypocrisie. O Kanna, je T'en prie, restaure et protège le dharma.

BHAJA GOPĀLA BHAJA GOPĀLA

bhaja gopāla bhaja gopāla
pyārē murārē mērē nanda lālā
nandalālā nandalālā nandalālā yadu nandalālā (2x)

bāla gōpāla bāla gōpāla
murali manōhara nandalālā
nandalālā nandalālā nandalālā yadu nandalālā (2x)
kōyī rāma bōlē kōyī śyāma bōlē
kōyī bōlē rādhe śyām
kōyī bōlē sītārām

Chantons les noms de Gopala, Celui qui a anéanti le démon Mura, le fils adorable de Nanda, le bébé Krishna, le joueur de flûte, Celui qui subjugue les cœurs. Certains l'appellent Rama, d'autres Shyama.

BHAJA GŌVINDA GŌVINDA

bhaja gōvinda gōvinda gōpāla
bhaja murali manōhara nandalālā

Prions Govinda (Krishna), le Seigneur des vaches, le petit pâtre. Prions l'enfant chéri de Nanda, Celui qui captive nos pensées, le petit joueur de flûte.

BHAJAMANA MĀ

bhajamana mā mā mā mā
bhajamana mā mā mā mā
ānandamāyi mā mā
ānanda rūpa mā mā
bhajamana...

Vénérez la Mère, la Mère pleine de béatitude, la Mère dont la forme est béatitude.

BHAJŌ MANA RĀMAKṚṢṆA

Bhajō mana rāmakṛṣṇa jaya bōlō
raghukula bhūshana rāma rāma rām
rādha mādhava śyāma śyāma śyām
harē rām harē rām
harē kṛṣṇa harē rām
harē kṛṣṇa harē rām
rām rām harē harē

O mon mental, prie Ramakrishna. Chante « Gloire à Ramakrishna ! » Toi le joyau du clan des Raghu, O Rama, Tu subjugues Radha, O Krishna. O Seigneur Rama, Seigneur Rama, Seigneur Krishna, Seigneur Rama, O Seigneur Krishna, Seigneur Rama, Rama, Rama ; Seigneur Hari, Hari.

BHAVA MŌCAKA BHAYA

bhava mōcaka bhaya bhañjaka paramēśvara śaraṇam
mati nāyaka mṛti nāśaka tripurāntaka śaranam

O Shiva, Seigneur suprême, Toi qui accordes la Libération, Toi qui détruis la peur, guide mon intellect, Tu anéantis la mort et Tripura*, je T'en prie, accorde-moi refuge.

sakalēśvara sarvōttama pari pāvana mūrtē
satatam tava caraṇāmbujam abhayam śubha mūrtē

O Seigneur de tout ce qui est, Etre splendide, suprêmement pur, permets-moi de prendre éternellement refuge à Tes pieds de lotus, Toi qui es toujours propice.

śaśi śēkhāra śama dāyaka sura sēvita bhagavan
kalayāmyaham aniśam tava manamōhana rūpam

O Seigneur, le croissant de lune orne Ta couronne, Tu accordes le contrôle du mental. Toi que les dieux vénèrent, je médite constamment sur Ta forme enchanteresse.

śiva śaṇkara hara śaṇkara bhava śaṅkara śaraṇam
hara śaṅkara śiva śaṅkara śaraṇam tava caraṇam

O Toi qui accordes ce qui est favorable, Tes pieds sont mon refuge.

** Tripura, littéralement "les trois cités", qui représentent symboliquement l'attachement aux trois corps, c'est-à-dire le physique, le subtil et le causal.*

BHAVĀNI JAI JAI

bhavāni jai jai bhavāni jai jai
kailāśa śakti śiva śaṅkari jai jai
namah śivāya ōm namah śivāya ōm
namah śivāya ōm namah śivāy - ōm...
bhavāni jai jai...

Victoire victoire à l'épouse de Bhava (Shiva), l'Energie du Mont Kailash Gloire à Celle qui accorde ce qui est favorable. Salutations à Celle qui est favorable !

BHŌLANĀTHĀ RĒ

bhōlanāthā rē kāśīnāthā rē
dīnanāthe hē thu viśvanāthe hē thu
parvatīnāthā bhōlanāthā rē

O Seigneur des innocents, Seigneur de la cité de Kashi, Tu es le Seigneur des démunis, le Seigneur de l'univers, le Seigneur de Parvati.

ādināthā rē ānandadātā rē
kailāśa nāthā rē jñānapradātā rē
narttana sundara damaru kā nāthā rē
rakṣā karō mērē śāntīpradātā rē

Seigneur primordial, Tu accordes la Béatitude, Seigneur du Mont Kailash, Toi qui donnes la Connaissance, O magnifique Danseur, Tu tiens le damaru, je T'en prie sauve-moi, Toi qui donnes la Paix.

triśūladhārī rē trinētradhāri rē
maṅgalakārī rē samsārahārī rē
gangādhārī rē jagadōpakārī rē
darśane dō mērē jagadōdhārī rē

Tu brandis le trident, Tu as trois yeux, Tu accordes ce qui est favorable, Tu mets fin au cycle des naissances et des morts, Tu portes le Gange, O Bienfaiteur de l'univers, accorde-moi Ta vision. O Sauveur du monde.

CENTHAḶIR PĀDAṄGAL

centhaḷir pādaṅgaḷ
cintichu cintichu
antarangattile cinta nīṅgī
santāpa muktayāyi
santatam vāzhuvān
nin snēha tīrttham pozhikukammē...

Absorbé dans la contemplation de Tes pieds, ces fleurs de lilas, j'ai vu toutes les autres pensées s'évanouir de mon esprit. Afin que je sois à jamais libéré de la souffrance, O Mère, je T'en prie, verse les eaux saintes de Ton amour.

anti chuvappinṭe cantam ūṛunna nin
mandahāsattin madhuvozhukkī
en karaḷ tāpam keṭuttiyen jīvane
nin kazhal tārōṭaṇachiṭāmō

En répandant sur moi le miel de Ton sourire, aussi beau que le pourpre du crépuscule, éteindras-Tu le feu qui brûle en mon cœur, liant ainsi pour toujours ma vie à Tes pieds ?

janma janmāntara puṇyaṅgaḷāl ninte
dhanya cintakken manam vazhangī
eṅkilum ententanartham sahippū ñān
nin kazhal tāriṇa kandu kūppān

Grâce aux mérites acquis au cours de nombreuses vies, je suis enclin à chérir Ton souvenir divin. Et pourtant, combien de calamités me faut-il encore affronter avant d'apercevoir Tes Pieds et d'offrir mes salutations !

CHŌḌ DE MANSĒ

chōḍe de manesē dukha kī cintā
nite yē sumir tū satya rē
dēhe tū nahī mane bhī tū nahī
tū he ātmā jāne lē

Abandonne toutes tes idées de souffrance, Ô mon mental, et rappelle-toi constamment que tu es la Vérité. Tu n'es ni le corps ni le mental, sache que tu es l'atman (le Soi divin).

hār gayā tū khōj mē sukhe kē
is jaga kē sabe bhōga mē
paramānanda he tērē antar
kabhī vahān tō jhāmke rē

Tes tentatives pour trouver un bonheur durable dans les plaisirs de ce monde ont toutes échoué. Le bonheur éternel est en toi, c'est là qu'il faut le chercher.

mē tum kē is bhēd mē manevā
nahī he śānti jāne lē
ēk hī ātmā sab mē he tū
hī sabe mē he vyāpt rē

Tant que tu nourriras l'idée d'un « moi » et d'un « toi », entités séparées, sache bien que tu ne connaîtras jamais la paix. La même conscience demeure en tous les êtres, l'essence de ton être est également présente en toutes les autres créatures.

ātmā sāmrājya kā tū he mālik
manevā tū kabhī dīne nahī
paramaśakti kā srōt bhī tū he
manevā tū kam sōr nahī

Tu es le maître du royaume du Soi, jamais tu n'es démuni, jamais tu n'es faible ; tu es la source de la puissance suprême.

CINTAKAḶKANTYAM

cintakaḷkantyam vannen antarangathil ponthum
santātānandattinte cantamām prakāśamē
pontaḷir pādaṅgaḷē cintichu cinthichivaḷ
santhōṣamāyitanne santyajichallō sarvam

O Lumière glorieuse de la Béatitude éternelle qui s'éveille en moi quand cessent les pensées, perdu dans la contemplation de Tes pieds dorés, j'ai joyeusement renoncé à tout.

svantamāyi nīyuḷḷappōḷ bandhukkaḷ vēnda vēre
svārthattintavidyayum satvaram dūrattākkū
cintiyennāśasūnam tāntamāvillī manam
kāntiyil layichēttam śāntiye bhujikkaṭṭe

Quand Tu es là, que Tu es mienne, je n'ai nul besoin de famille. Abandonnons vite l'ignorance de l'égoïsme ! Mon mental a laissé choir la fleur du désir et ne connaîtra plus les ténèbres. Qu'il se dissolve dans la lumière et goûte la paix.

gandhavāhanan pōle bandhichu sarvattilum
bandhamillātte vāzhān uḷḷil nī vasikkaṇē
cintiykku manujā nī enthināy jīvikkunnū
janthuvargatte tanne pintuṭarunnō nīyum

Je T'en prie, demeure en moi et aide-moi à vivre comme l'air, en contact avec tout mais sans attache aucune. Réfléchis, Homme, quel est le sens de ton existence ? Vis-tu comme un animal ?

CUṬṬUNĪRI

cuṭṭunīri pukaññu kattunnoren
hṛttinittiri snēhāmṛtam tarū
bhakta dāsarkku dāsiyākunnoren
dukham ārō ṭuṇarttēndat ambikē

Je T'en prie, accorde une goutte du nectar de Ton amour à mon cœur qui se languit et se consume. A qui donc confierais-je mes souffrances, O Mère, moi, la servante des serviteurs des dévots ?

niṣkaḷaṅkamām bhakti lābhattinnāyi
etra nāḷāyi namikkunnu nin padam
bhaktavatsalē muktipradāyini
tṛkkaram toṭṭanugraham nalkanē

Pour obtenir une dévotion immaculée, depuis combien d'années suis-je là, prosternée à Tes pieds ? Toi qui es compatissante envers les dévots, Toi qui accordes la libération, je T'en prie, bénis-moi du contact de Ta main.

svanta bandhu varānanē nīyozhi-
ññilla mattārumuttavarāyini
ninnilūnnunna nanya cetassukaḷ
pinneyum bata pāram tapikkayō

O divine beauté, Toi seule me tiens lieu désormais d'amis et de famille. Dis-moi, ceux dont l'esprit est totalement fixé sur Toi doivent-ils encore souffrir ?

entinenneyī andhakārattilē
kunti nīkki vaḷaykkunnu pinneyum
antharaṅgam kadanāzhi nīṅguvān
nin kṛpāmizhiyennil paṭikkaṅē

Pourquoi me laisser encore immergée dans les ténèbres ? Afin de dissiper l'océan de ma douleur, ne me jetteras-Tu pas un regard rempli de compassion ?

pāññaṭukum mahāvipat sandhiyil
dēhi dēham vidum pakṣi kūṭupōl
nēṭi vechatum nēṭān sramichatum
kūṭe vannīṭukillatu nirṇayam

Tel un oiseau qui quitte sa cage, l'âme quittera le corps au moment du grand désastre qui approche à grands pas. Tout ce que l'on s'efforce d'acquérir ici-bas, tout ce que l'on a pu obtenir, rien de tout cela ne nous suit alors.

santatam manam samsāra sindhuvil
mungi māzhkunnu māyā mahēśvari
saṅkatakkaṭal vankara kēṛuvān
ambā nin pāda pōtam tarēṇamē

O Déesse, mon mental, plongé dans l'océan du samsara, est dans une douleur constante. Mère, je T'en prie, accorde-moi le refuge de Tes pieds : ils sont le navire qui permet de traverser ce vaste océan de souffrances.

DĀNAVA BHAÑJANA RĀMA

dānava bhañjana rāma rāma
śyāmala kōmala rām
hē rāma rāma jaya rāma rāma
rāma rāma rām
daśaratha nandana rāma rāma
daya sāgara rām
hē dīnōm kē prabhu rāma rāma
rāma rāma rām

O Rama, Tu détruis les démons, Tu as le teint sombre, O Rama, doux et tendre. O Rama, gloire à Rama! Fils de Dasaratha, Rama est un océan de compassion ! Seigneur des démunis, Tu fais leurs délices.

DASARATHĀTMAJA

Dasarathātmaja dhanuja nāśana
rāmacandra dayānidhē
dēvakī sūtha dvārakādhipa
vāsudēva kṛpāmbudhe

Je me prosterne devant Toi qui détruis les démons, fils de Dasaratha. O Ramachandra, trésor de compassion. Fils de Dévaki, Seigneur de Dvaraka, fils de Vasudéva, Tu es l'océan de la miséricorde.

sīta rām sīta rām sīta rām sīta rām
rādhē śyām rādhē śyām
rādhē śyām rādhē śyām
parama pāvana durita vāraṇa
rāmacandra namōstutē
patitarakṣaka bhava vināśaka
vāsudēva namōstutē
sīta rām..

Toi dont rien n'égale la pureté, Toi qui détruis les difficultés, O Ramachandra, je me prosterne devant Toi, O Vasudéva (Krishna), je me prosterne devant Toi.

raghu kulōttama ramaṇa vigraha
rākṣasāntaka pāhimām
yadukulōtbhava yatimanōlaya
sāndra sundara pāhimām
sīta rām...

O illustre descendant de la dynastie des Raghus, magnifique est Ton allure. O Toi qui détruis les démons, protège-moi, O océan de beauté.

bhuvana nāyaka punita mānasa
rāmacandra mahā prabhō
mṛti bhayāntaka kali malāpaha
vāsudēva namō namā

O Seigneur de la terre, Toi dont l'esprit est pur, Ramachandra, O Seigneur Rama, je me prosterne devant Toi. Je me prosterne devant Celui qui détruit la peur de la mort. Je me prosterne devant Krishna qui anéantit les maux du Kali Yuga.

DAYA KARŌ HARI NĀRĀYAṄA

Daya karō hari nārāyaṇa
kṛpā karō hē jagat vandana
bhāvātita bhāgya vidhāta
dīna nātha anātha kē nātha

(O) Hari, Narayana, Seigneur de l'univers, montre-Toi miséricordieux et répands sur moi Ta grâce. Tu es au-delà de tout concept, Seigneur des démunis, Seigneur des orphelins (ceux qui comprennent que Dieu seul est notre vrai père et notre vraie mère), Tu accordes la bonne fortune.

DAYĀ KARŌ MĀTĀ AMBĀ

dayā karō mātā ambā
kṛpā karō jananī
kṛpā karō mātā ambā
rakṣā karō jananī
kalyāna rūpiṇi kāli kapālini
karuṇā mayī ambā mām pāhī
ōm mātā ōm mātā
ōm mātā ānandamayī
ōm mātā ōm mātā
ōm mātā ānandamayī

O Mère, prends pitié ! O Mère, sauve-nous ! O incarnation de tout ce qui est propice, Toi la miséricordieuse Mère Kali qui porte une guirlande de crânes humains*, protège-nous, OM Mère... incarnation de la béatitude.

** qui représente la mort de l'ego*

DĒVI DAYĀ KARI MĀ

dēvi dayā kari mā
ambā dēvi sarasvati mā
durga bhavāni mā
kāli kapālini mā
jagadō dhāriṇi mā
amṛtānanda rūpiṇi mā

O Mère, déesse, Toi qui répands la compassion, O Mère, déesse de la Connaissance, O Durga, épouse de Shiva, O Mère Kali, épouse de Kapali (Shiva), O Mère, support de l'univers, Toi qui as pris la forme d'Amritanandamayi.

DĒVI DAYA KARŌ MĀ

dēvi daya karō mā
jai mātā gaurī kāli mā
dukha nivārō mayyā dēvi
bhakta janōmkē mayyā
maṅgala kāriṇi mā
jai mātā gauri kāli mā

mā - mātā - mayyā	Mère
daya karō	Montre Toi miséricordieuse
gauri	Déesse au teint clair
kali	Déesse au teint sombre
dukha nivarō	Toi qui détruis la souffrance
bhakta janōmkē mayya	Mère des dévots
maṅgala kariṇi	Source de ce qui est favorable

DĒVI MŪKĀMBIKĒ (AMMĒ AMṚTĒṢVARI)

dēvi mūkāmbikē* (ammē amṛtēṣvari)
oru varam tā oru nalvaram tā
dēvi mūkāmbikē (ammē amṛtēṣvari)
mānasa sauparṇikayūṭe tīrattil
maunamāyi vāzhum mūkāmbikē

O Dévi, Mère silencieuse, accorde-moi une faveur, je T'en prie, accorde-moi une excellente faveur. Toi qui demeures silencieuse au bord de la rivière Sauparnika de l'esprit.

rāgavum tālavum layavum nīye
kalayuṭe kaviyuṭe bhāvam nī
bhaktiyum nī muktiyum nī
mama hṛdayattin spandam nī

Tu es le mode (raga), le rythme et la mélodie. Tu es le pouvoir d'expression de l'art et de la poésie. Tu es la dévotion et la libération, Tu es le battement même de mon cœur.

vēdānta sāra sarvasvavum nī
ādimandhyānta vihīnavum nī
saguṇavum nī nirguṇavum nī
amṛta (sakhala) manasin ādhāram nī

Quintessence du Védanta, Tu es sans commencement ni fin. Tu es toutes les formes et aussi le sans-forme, Toi, le substrat de toutes les pensées.

**Moukambika est un temple célèbre consacré à la Déesse, situé dans l'état du Karnataka (au sud de l'Inde) près de la rivière Sauparnika. Ce nom signifie : Mère silencieuse*

DĪNA DAYĀLŌ

dīna dayālō patita pāvani
kṛpā karō jananī
caraṇa kamal mē śaranāgata kō
abhaya dāne tume dē dō (3x)

O Toi qui élèves ceux qui ont déchu, Mère pleine de compassion envers les affligés, accorde-moi Ta grâce. Accorde la protection de Tes pieds de lotus à ce démuni.

tērī karuṇā mṛdula pāvana sē
hṛdaya kamale khīle jāvē
manda manda muskāne sē dil mē
candrika barasāve dēvi (2x)

Ton amour pur et compatissant fera fleurir le lotus de mon cœur. Ton sourire doux et affectueux brille dans mon cœur, pareil à l'éclat apaisant de la pleine lune.

nayana nalīne sē karuṇā ras kē
saritā sadā bahāvō
amṛta dhāra mē...
amṛta dhāre mē is anādha kō
amale tum naha lāvō (2x)

Que de Tes yeux splendides coule sans cesse le flot de la compassion. Dans ce flot de nectar, O Mère, baigne cet enfant solitaire.

jage jananī jage pāvani mujhe ko
jaledi tum apenāvo
viraha jalane ko...
viraha jalane ko karunā jale se
buchāvo gōd me le lō (2x)

O Toi qui crées et préserves l'univers, puisses-tu faire de moi sans tarder Ton instrument. Que les eaux de la compassion éteignent le feu de la séparation ! Prends-moi sur Tes genoux !

DURGĀ AMBĀ BHAVĀNĪ

durgā ambā bhavānī jai jai
durgā ambā bhavānī
saṅkata hāriṇī maṅgala kāriṇī
praṇava svarūpiṇī mātā jai jai

durgā ambā	Mère Durga
bhavani jai jai	Gloire à Toi l'épouse de Shiva
saṅkata hariṇi	A Toi qui détruis la souffrance
maṅgala kariṇi	A Toi, Cause de tout ce qui est favorable
praṇava svarupiṇi	A Toi dont la nature est OM

DURGĀ NĀMAM

durgā nāmam uraiykkum pradeśam
etrayō pāvana puṇya pradeśam
dukhangaḷ okkeyakannu santōṣam
tatti kaḷikkunna divya sandēśam

Saint et béni est le lieu où résonne le nom de Durga ! C'est le message divin qui efface tout chagrin et nous remplit de joie.

pāvani tan tiru nāmam japichāl
pātakamokkeyakannīṭumallō
sūrya prabhayil iruḷenna pōle
dūreyakalunnu śokaṅgalellām

Si l'on chante les noms sacrés de la Mère divine, tous les péchés s'évanouissent, la souffrance disparaît comme les ténèbres au lever du soleil.

bhūteśi ninṭe mahatvam aṟivān
bhūtala vāsikaḷ ajñarānammē
bhūri mōdāl nī kaṭākṣichu vennāl
bhūti paripūrṇam ākunnu sarvam

Déesse de tous les êtres, nous, créatures terrestres, sommes incapables de saisir Ta grandeur. Mais un seul de Tes regards remplis de béatitude suffit à rendre tout prospère, beau et parfait.

dēvi mahēśī yōgeśī namastē
vaśyē viśudhē variṣṭhē namastē
vēda vēdyē vidyē nāthē namastē
ādi madhyānta vihīnē namastē

Nous te saluons Dévi, grande déesse, Impératrice du Yoga ! Nous saluons la grande déesse, charmante et pure, Celle que l'on peut connaître grâce aux Védas, la souveraine de la Connaissance ! Nous saluons Celle qui est sans commencement ni milieu ni fin.

ĒHI MURĀRĒ

ēhi murārē kuñja vihārē
ēhi praṇata jana bandhō
hē mādhava madhu mathana varēnyā
kēśavā karuṇā sindhō

O Toi qui as détruit les démons Moura et Madhou, Késava, Océan de Compassion, Ami de ceux qui T'approchent avec humilité, Toi qui fréquentes les bosquets de la forêt, Toi qui es béni et dont le visage est si beau, viens.

rāsa nikuñje kuñjati niyatam
bhramara śatamkila kāntā kṛṣṇā
hē madhusūdana śāntā
tvām iha yācē darśana dānam
hē madhusūdana śāntā

O Krishna, des centaines d'abeilles bourdonnent dans ces bosquets. Krishna, mon joyeux époux, j'implore la faveur de Ton darshan, O Madhousoudhana, Toi qui rayonnes de sérénité.

nava nīrada dhara śyāmala sundara
candrika suma rucivēśa kṛṣṇā
gōpī jana hṛdayēśa gōvardhana dhara
vṛndāvana cara vamśīdhara paramēśa

nava nīrada dhara	Celui qui vole du beurre
śyāmala sundara	Le bel enfant au teint sombre,
caruka	Charmant,
sumaruci vēsa	Pareil à un bouquet de fleurs
gōpi jana hṛdayēsa	Toi qui demeures dans le cœur des gopis
gōvardhanadhara	Toi qui as soulevé la montagne Govardhana.
vṛndavana cara	Toi qui parcours Vrindavan.
vamśīdhara paramēsa	Toi le Seigneur suprême à la flûte de bambou.

rādhā rañjana kamsa niṣūdana
praṇati stāvaka caraṇē kṛṣṇa
nikhila nirāmaya caraṇē
ēhi janārdhana pitāmbaradhara
kuñjē maṇdāra pāvane

Toi le bonheur de Radha, Toi qui as tué Kamsa, O Krishna, je me prosterne à Tes pieds qui détruisent toute souffrance. O Janardana vêtu de jaune, viens à moi dans le bosquet de Mandara.

ELLĀ PULARIYUM

ellā pulariyum ente pratīkṣa tan
niṣpanda nimiṣangaḷ allō
ellā sandhyayum ente nirāśa tan
gadgada nimiṣangaḷ allō

O Mère, chaque seconde de l'aube regorge de désirs, chaque instant du crépuscule déborde de toutes les déceptions accumulées, qui remontent et m'étouffent intérieurement.

uḷḷam eriññezhumī nedu vīrppukaḷ
kennu nin kālkal abhayam
unnidramāvunna tennā niniyente
kanmaṣa bhāra hṛdantam (2x)

Quand ces soupirs profonds, qui brûlent et montent en moi, trouveront-ils le refuge de Tes pieds ? Quand ce cœur lourd de péchés sera-t-il enfin éveillé ?

karayunnu kaṇṇunīr illāte karaḷinte
uḷnāmbil poṭiyunnu bāṣpam
citaṛunnu cintakaḷ akalattu mizhinaṭṭu
maruvunnu tanayariṅgamme (2x)

Aucune larme ne coule, et pourtant je pleure ; la grotte de mon cœur est embuée de larmes. Mes pensées s'éparpillent. Mère, Tes enfants restent ici, sans pouvoir T'atteindre, les yeux fixés sur l'horizon.

arutente tūlikakkī vyatha purṇamāyi
ālēkhanam ceytuṇarttān
patiyunnu kālkkalēk oru tuḷḷi kaṇṇunīr
atilunden ātma sandēśam

Ma plume ne peut exprimer cette douleur. Une larme tombe à Tes pieds, elle T'apporte le message de mon cœur.

EṄGUPŌYI

eṅgupōyi ennōtoruvākku mindāte
kaṇṇan ārōmal kiṭāvu?
viṇṇu kaṛukkunnu kaikāl viṛāykkunnu
kaṇṇilīruḷ kanakkunnu

Où es-Tu donc parti, Kanna, mon enfant chéri, sans dire un mot ? Le ciel s'obscurcit, j'en ai les bras et les jambes qui tremblent, mes yeux n'y voient plus !

kāchiya paimbāl taṇukkunnu paikkulam
kaṇṇimaykkāte nilkkunnu
ponnin cilambocha ennorttu pōyaten
neñchin piṭappāyirunnu

Le lait bouilli est en train de refroidir, les pâtres guettent, les yeux écarquillés, j'entends le son de Tes bracelets de cheville. Hélas ! ce n'est que mon cœur qui bat.

uḷkkaḷam tiṅgi niṛaññu manassinte
kalpaṭavellām kaviññu
vatsalyabhāvam curannu nirannitā
pāl kaṭal pōle parannu

Mon cœur déborde d'émotion. Et l'amour en jaillit, inépuisable comme un océan de lait.

cundile puñciri puntēnennōrttiṭṭu
vandukaḷ muttī muṛichō
kottī valichō kaniñña phalamennu
tettidharicha kiḷikaḷ?

Pensant avoir trouvé du miel, les abeilles T'ont-elles attaqué, captivées par Ton doux sourire enchanteur? Les oiseaux sont-ils venus vers Toi, Te prenant pour un fruit mûr et sucré ?

bhītiyāḷuḷḷil ippōzhum kuññukal
vēchu vēchallō naṭappu
kelppezhappūviḷam mēniyallē - mattu
kochuṇgaḷ nuḷḷi nōvichō?

J'ai peur en songeant que Tu n'es encore qu'un petit qui apprend à marcher. Est-ce que d'autres enfants T'ont fait mal en pinçant Ton corps si tendre ?

vēṇu gānattil kutirnolichippakal
vīṇa liññillāte pōke
ānāyapiḷḷēr maṛannō vāzhitetti
viṭettānuṇṇi valaññō?

Ont-ils tout oublié en écoutant Ta flûte et, égarés, T'ont-ils fait tourner en rond ?

pāluṭṭukilla ñān kaṇṇane tāraṭṭu
pāṭiyuṛakkilla satyam
pūmēnī vāri puṇarilla kāṇkilum
kāṇātta bhāvam naṭikkum

Je suis fâchée, j'ai bien envie de ne plus Te donner de lait. Et je ne Te chanterai plus de berceuses pour T'endormir, je ne Te prendrai plus dans mes bras. Je ferai comme si je ne Te voyais pas, même si je Te vois.

kai veṇṇa kākan kavarnennu poyi connu
kaṇṇaninnenne mayakki
kaṇḍattil veṇṇa kuruṅgumō kaṇṇante
kaḷḷattarangaḷāṇellām

Il m'a bernée, en disant qu'un corbeau lui avait arraché le beurre. Va-t-Il s'étouffer en mangeant trop de beurre ? Ah, ce ne sont que Ses espiègleries.

pinniludāññetti pinneyum kaṇṇanā
pālkkindi taṭṭi kamazhtti
pīli talappu kondānnu piṭaykkeyā
pāl kalam talli yuṭachu

Et voilà que Kannan est arrivé par derrière et a encore renversé la cruche de lait. En frappant avec le bout d'une plume de paon, Il a cassé le pot de lait

ellām maṛakkum ñān pinneyum kuññari
pallukaḷ kaṭṭicirikke
uḷḷam tuṭikkatirikkumō ammaykku
kallum aliññu pōvillē...

J'oublie toutes ses frasques quand Il rit en montrant ses quenottes. Le cœur d'une mère ne bat-il pas alors plus fort ? Il attendrirait même une pierre.

EN MAHĀDĒVI LŌKEŚI

en mahādēvi lōkeśi bhairavi
enteyuḷḷam teḷikkāttatentu nī
cintanīyam amēyamen caṇḍikē
ninte līlakaḷ ōrōnnum atbhutam

Bhairavi, grande déesse, Toi qui gouvernes le monde, pourquoi ne viens-Tu pas illuminer mon cœur ? O Chandika, chacun de Tes jeux divins est imprévisible, mystérieux et merveilleux.

ambē ninte kaṭākṣam tarēṇamē
ambayallātorāśrayam illallō
ambikē jagannāyikē bhūvil nī
kampamellām ozhikkaṇam cinmayī

O Mère, je T'en prie, regarde-moi. Il n'existe pas d'autre refuge que Toi, O Mère, Souveraine de l'univers, incarnation de la Conscience. Je T'en prie, délivre-moi de toutes mes souffrances.

īśvarī nin savidhē vasikkuvān
sāśvathamāya mārgattilūṭenne
viśvamōhinī ennum nayikkaṇē
sacidānanda mūrtē tozhunnu ñān

O déesse, Toi qui enchantes les mondes, je T'en prie, guide-moi sur la voie éternelle, afin que je puisse demeurer à jamais auprès de Toi. Je me prosterne devant Toi, incarnation de l'Etre-Conscience-Béatitude.

ninte kāruṇya meṅkalundākaṇē
tamburāti mahēśi mahēśvarī
ninte rūpamen cittattil ekiyen
antarātmāvil ānandamēkanē

Montre-Toi miséricordieuse envers moi, O Maheshi (grande Déesse), accorde la béatitude à mon être intérieur en imprimant Ta forme dans mon esprit.

EN MANA KŌVILIN

en mana kōvilin vātil turannu ñān
ammē ninakkoru pīṭhamiṭṭu

O Mère, j'ai ouvert la porte de mon sanctuaire intérieur et j'y ai préparé un siège pour Toi, pour T'adorer.

kaṇṇunīrālatu pērttum kazhu kīṭṭu
teṅgalāl pūmpaṭṭu ñān virichu

Le flot de mes larmes l'a parfaitement nettoyé et mes sanglots ont tissé une étoffe de soie pour le recouvrir.

āsakaḷ kattichu dīpam koḷutti ñān
nāmaṅgaḷal niṟamāla cārtti

J'ai allumé une lampe sacrée où brûle l'huile de mes désirs et Ton Nom, répété à l'infini, s'est transformé en guirlande sacrée.

ellā guṇangaḷum certtu kattichu ñān
aṣṭa gandham puka cinnu tāyē

Mes défauts et mes qualités, empilés et brûlés, sont devenus fumée, et répandent le doux parfum naturel de l'encens.

ammaykku mātram orukkiya pīṭhattil
onnezhunaḷḷanē prēma mūrtē

Daigne entrer et occuper ce siège spécialement préparé pour Toi.

enneykku menne nin kālkkal arppicchu ñān
nin kāl chilambai māṟidaṭṭe

O Permets-moi d'offrir à Tes pieds mon être tout entier, de devenir pour l'éternité Tes bracelets de chevilles tintinnabulants.

ENNILE ENNE TIRIÑÑU

ennile enne tiriññu nōkkunnu hā
vismayam kāṇmatinnandhakāram
minnunnu ninnōrma aṅgiṅgithā hṛdi
allalla ñān innanātayallā

Quand je regarde aujourd'hui ce que j'étais autrefois, je m'étonne de voir autant de ténèbres. Dans mon cœur, Ton souvenir scintille (comme une étoile). Non, non, je ne suis plus désormais orphelin(e).

poya kālam svapna tulyamāyi pōyinnu
jīvitam ninnil samārpippu ñān
entānini ceyitiṭēndatennamma nī
kandaṛiññenne nayikkēṇamē

Le passé semble aujourd'hui un rêve. O Mère, je T'offre cette vie. Toi seule sais ce qui est le meilleur pour moi, Toi seule peux me guider afin que j'accomplisse l'action juste.

nin snēha tūveṇnil āvoḷi tūki nī
en manappū viṭarttēṇamammē
māyāndhakāram keṭuttiyen mānasa
śrīkōvilil nī teḷiyukammē

Au clair de lune de Ton amour, O Mère, permets que la fleur de mon cœur s'épanouisse. Détruis les ténèbres de l'illusion, O Mère, et brille dans le temple de mon cœur.

ENTINĀṆAMME

entiṇānamme hara vakṣassiṅkal
padamūnnikondu nilppū nī
entāvām nī nuṇaññatennammē
nāvu nīṭṭikkāṇikkān

O Mère, pourquoi es-Tu debout, les deux pieds fermement plantés sur la poitrine de Hari ? Et qu'as-Tu donc goûté pour tirer ainsi la langue ?

eṭṭum poṭṭum tiriyāppeṇmaṇi
pōlallō nī naṭappatum
itutān nin pativennatambikē
aṛiyunnu ñānakatāril

Tu te conduis comme une folle. Je sais que c'est aussi Ta vraie nature, O Ambika. Ta Mère se tenait-elle également debout sur la poitrine de Ton père ? Ambika, dis-moi vite aujourd'hui la vérité.

bhīkarameṅkilum ninmukham entoru
śōbhanam snēhamayam
nin maṭittaṭṭil kiṭannuṛangītuvā-
neṛunnu mōhamammē

Ton visage à l'apparence féroce rayonne pourtant de lumière et d'amour. Le désir de m'endormir sur Tes genoux ne cesse de grandir en moi.

madyam kuṭicchu nī madicchu naṭakkunnu
vennu chollvū janaṅgaḷ
nitya satyamē nī nukarunnatu
amṛtāṇennāraṛiyunnū

Les gens racontent que Tu bois de l'alcool pour T'enivrer ; mais O Vérité immortelle, personne ne se rend compte que Tu savoures l'ambroisie, le nectar divin.

satvaguṇattāl ninnuṭe
cevaṭiyettīṭumenna tattvam
kāṭṭunnu tātante māṛil caviṭṭi nī
ēkuka sadguṇam mē

En cultivant les qualités divines, il est possible d'atteindre Tes pieds adorables. Voilà la Vérité que Tu nous révèles en étant debout sur le Père divin. Je T'en prie, accorde-moi toutes les qualités divines.

ENTU CEYVŌ YEDU CEYVŌ

entu ceyvō yedu ceyvō*
ente nandananē kandatillē

Hélas ! Que faire ? Le fils de Nanda reste introuvable.

kālamē yezhunnēttavan kāṭṭil
kālikaḷe mēykkān pōyō

Levé tôt ce matin, serait-il allé dans la forêt faire paître les vaches ?

paitaṅgaḷumāyi piṭichu
piñcu pādam oṭiññō daivamē

Ou bien, O Seigneur, se serait-il cassé une jambe en se chamaillant avec les autres enfants ?

mandi mandi cennīṭṭavan valla
kundilum māṛiññu vīṇō

Ou bien, en courant à droite et à gauche, serait-il tombé dans un fossé ?

* *chanté par Yashoda, la mère de Krishna.*

ETRA NĀḶĀYI AṬĪYAṄGAḶ

etra nāḷāyi aṭīyaṅgaḷ ī vidham
attalārnūzhalunnū dayānidhē
satya mūrte bhagavan kaniññīṭaṇam
bhaktavalsalā kṛṣṇā harē jaya!

O Fontaine de miséricorde, il y a si longtemps que nous nous débattons dans cette souffrance ! O Incarnation de la Vérité, prends pitié de nous. Gloire à Krishna, à l'ami des dévots.

entinālō narakattil ī vidham
unti eṭṭu valaykkunnu ñangaḷē
kuntidēvi tan putrare pottiyā
nin tiruvatī kṛṣṇā harē jayā

Pourquoi nous pousser dans cet enfer et nous torturer ainsi ? Gloire à Krishna ! Nous Te louons, Toi qui as protégé les fils de Kunti.

nityavum bhaval pādam namiykkumī
ente yācana kēḷkkumaṛākaṇam
ennuḷḷil bhakti ēṛumaṛākaṇam
jagannāyakā kṛṣṇā harē jayā

Krishna, puisses-Tu dans Ta bonté, écouter les supplications de celui qui se prosterne chaque jour à Tes pieds. Puisse la dévotion grandir en moi. Gloire à Krishna, au Maître de l'univers !

mannilāke niraññaruḷīdunnā
mannā kāruṇya mākum ciṛakatīl
enne nityam aṇacchu koḷḷēṇamē
jagannāyaka kṛṣṇā harē jayā

Prends-moi sous les ailes de Ta présence infinie qui remplit l'univers entier. Gloire à Krishna, au Maître de l'univers !

endinenneyī māyāyam sindhuvil
iṭṭu vaṭṭam kaṛakkunnitīvidham
tōnnanam kṛpā ezhayām ennil nī
bhagavāne kṛṣṇā harē jayā

Pourquoi me balloter ainsi dans cet océan d'illusion ? Prends pitié de ce malheureux. Protège-moi, O Seigneur, gloire à Krishna !

pāpa bhārāluzhaññītum ennuṭe
pāpa bhārā maṛuttu dayāmayī
kāttu pālichu tuṣtiyēkēṇamē
pāpa nāśanā kṛṣṇā harē jayā

O Toi qui es la compassion incarnée, daigne me protéger et m'accorder le bonheur, à moi qui vacille sous le poids d'un immense fardeau de péchés. Toi qui détruis le péché, gloire à Krishna !

GANGĀJATĀ DHARA

(jaya) gangājatā dhara gauri śaṇkara
girijā mana ramana
śiva mṛtyuñjaya mahādēva maheśvara
mangala subhacaraṇā
nandi vāhana nāga bhūṣanā
nirupama guna sadhanā
natana manōhara
nīlakanta hara nīraja dala nāyanā
ōm hara hara hara mahadeva, śiva śiva śiva śadāśiva
ōm namō namō namah śivaya...

jaya gangajata dhara	Victoire à Celui qui tient le Gange dans ses cheveux emmêlés.
gauri saṅkara	Au Seigneur de Gauri, toujours favorable
girija mana ramana	A Celui qui enchante le cœur de la fille de la montagne, Parvati
śiva mṛtyuñjaya	De bon augure, vainqueur de la Mort
mahādēva mahēśvara	Grand Dieu et Seigneur
maṅgala subhacaraṇa	Qui accorde la bonne fortune
nandi vahana	Dont la monture est le taureau Nandi
nagabhaṣana	Qui porte des guirlandes de serpents
nirupama guṇa sadhana	Source de qualités divines incomparables
natana	Divin danseur
manōhara	Qui subjugue le mental
nilakanta	A la gorge bleue
hara	Le destructeur
niraja dala nayana	Aux yeux en forme de pétales de lotus.

GANGĒ SVĀRGANGĒ

gangē svārgangē gangē
pavitra bhāgīrathī...
jaitra sañcārinī
bhāśura māyi pāvana māyi
pāpa nāśa jala vāhini gangē

O Gange, Gange céleste, tu es la pure rivière Bhagirathi, celle qui coule éternellement, lumineuse et purifiante. Tu es le fleuve dont les eaux détruisent tous les péchés, O Gange !

civa purātana sura vāhinī
tavasu pāvana jala dhārayil
manasu mantra japam ceytozhuki
uṣassu pōluṇaraṭṭe jīvitam ātma viśuddhi
vannunaraṭṭe jīvitam

Tu es ancestral, tu fais partie de l'Histoire, tu es le fleuve des dieux. Tes eaux purifient spirituellement et coulent de toute éternité, chargées du son des mantras.

tunga himācala taṭini gangē
calita kutūhala caritē
hima dhavaḷīta maya gātrē gangē
dhruta gati jalati tarangē

O Gange, ton flot est rapide et tes vagues puissantes, tu jaillis de la haute chaîne des Himalayas, ton corps est blanc comme la neige et ton histoire si émouvante nous enchante.

manalaya kāriṇi
śubha nadi gangē
kaḷa kaḷa nāda tarangē
bhārata puṇya payasvini mātē
śama dama dāyini vandē

gangē gangē gangē

O Gange, grâce à toi, le mental se fond en Cela, Fleuve pur dont le flot émet le son "kala, kala". O Mère bénie et enchanteresse de l'Inde, tu nous donnes le contrôle des sens et du mental. Nous nous prosternons devant toi.

GHANA ŚYĀMA VARṆANTE

ghana śyāma varṇante vanamāli kannante
kāloccha kēlkkān kotichu
kaḷaveṇu nādattin lahariyiḷāṛādan
manamāke kōrittarichu

J'avais le désir brûlant d'entendre les pas de Kanna au corps couleur de nuages, paré de guirlandes. Mon esprit était en extase à l'idée d'entendre le son de sa flûte et de s'y perdre.

kandatillā sakhī karmukil varṇane
karunatan kaṭalāmen kaṇṇane
vanavalli kūṭilil maṛaññuvō kaṇṇan
ghanavēṇi rādhaye tēṭi

Mais je n'ai pas vu Kanna, l'enfant qui a la couleur des nuages et le cœur rempli de compassion. A-t-Il disparu dans les buissons fleuris, en quête de Radha à la chevelure magnifique ?

rādhikē... priya sakhi rādhikē
nī yetra bhāgyavati... puṇyavati
munimārum nukarata sukha cakravāḷattil
puṇarunna pariśudhi nī... rādhe
puṇarunna pariśudhi nī

O Radha, chère amie Radha, que tu es fortunée, que tu es divine ! Les sages eux-mêmes n'ont pas goûté une telle pureté. Tu es l'amour incarné que même les dieux recherchent.

yamuna yiliḷam tennal
svararāga sudhatûki
mama manam rāga samudramāyi
oru nēramenneyum kāṇātalayumō
yadu nandanā rādhā priyanē

Quand la brise enchanteresse de la rivière Yamuna m'a effleuré, mon esprit est devenu un océan d'amour. Kanna errera-t-Il jamais à ma recherche ?

GIRIDHARA BĀLA

giridhara bāla hē nandalālā
dēvaki nandana śyāma gōpāla
giridhara bāla hē nandalālā
rādhā mādhava rāsa vilōlā
bansi dhara hē śyāma gōpāla

giridhara bāla	Le garçon qui a soulevé la montagne
hē nandalala	O fils de Nanda
dēvaki nandana	fils de Dévaki
śyama gōpala	Petit pâtre à la peau sombre
rādha	Bien-aimée de Krishna
mādhava	Bien-aimé de Lakshmi
rasa vilōla	Qui a joué la danse de la rasa lila
bansidhara	Qui tient la flûte

GŌPĀLA GŌVINDĀ

gōpāla gōvindā gōvinda harē murārī
mayura mukuta pitāmbharadhāri vṛndāvana sañchārī
jaya vṛndāvana sañchārī
gōpala gōvinda gōvinda harē murārī

O Protecteur des vaches (Gopala), O Krishna, Tu es le Seigneur des vaches, Tu as dé`truit le démon Moura, Tu marches dans Brindavan, une couronne ornée d'une plume de paon sur la tête, vêtu de soie jaune.

śaṅka cakra gada padmā dhāri
kṛṣṇa mukunda murārī
harē kṛṣṇa mukunda murāri

Tu tiens la conque, le disque, la massue et un lotus, O Krishna, Toi qui accordes la libération. Tu as détruit le démon Moura, O Hari, O Krishna, O Moukunda.

GŌPIYĒ CINTICHU

gōpiyē cintichu cintichu ñān oru
gōpikayākān kotichū
rādhikē ninne ninachū ninachū ñān
nin niṛamākān kotichū ammē

A force de penser sans cesse aux gopis, je veux moi aussi devenir une gopi. O Mère Radha, en méditant sur Toi, je désire avoir le même teint que Toi.

nin prēmam mādhuri alpam nukarnnu ñān
unmatta nākān kotichū
nin mahā bhāvatil alpam nukarnnu ñān
kaṇṇanil ākan kotichū ammē
rādhē rādhē rādhē rādhē....

En buvant un peu de Ton amour si doux, je veux entrer en extase. Mère, en goûtant un peu de Ton état exalté et divin d'identification à Krishna, je veux me fondre en Krishna.

ā rāsalīlakaḷ ōrttōrttu ñān ahō
kāḷindi tannalayāyottu
ā muralīravam ōrttōrttu ñanahō
vṛndāvaniyai taḷirtu ammē
rādhē rādhē rādhē rādhē....

Je me souviens de la rasa lila (le jeu divin de Krishna et des gopis sur les rives de la Yamouna) et je deviens une vague de la rivière Kalindi (Yamouna) ; au souvenir des chants de la flûte, je deviens le jardin fleuri de Vrindavan.

premendu paurṇami tūvoḷi tûkumen
mānasa tīrattilettū
rādhā priyaṅkara śyāmā manōhara
kaṇṇīr puzhayil tuṭiykkū... vannen
rādhē rādhē rādhē rādhē....

Viens sur les rives de mon cœur, là où brille la pleine lune de l'amour. O Bien-aimé de Radha, O Toi qui as la peau bleue, viens nager dans la rivière de mes larmes.

kaṇṇa karimukil varṇṇa manōhara
nin prema nāḷmī ñān
nin vanamālayil kaṇṇīr tuḷasiyai
enneyum cērttu korukkū... kaṇṇa
rādhē rādhē rādhē rādhē....

Kanna, Toi qui as la couleur des sombres nuages de pluie, Toi qui subjugues notre esprit, je ne suis qu'une flamme de Ton amour. Je T'en prie, place moi dans Ta guirlande de fleurs sauvages, que je prenne la forme du Tulasi qui a versé des torrents de larmes.

GŌVINDĀ GŌKULA ĀYŌ

gōvinda gōkula āyō (2x)

Govinda est arrivé à Gokoul !

Īs gōkul usa mathura nagarī
bich bahat hē jamuna gahari
gōkul mē sukh mathura mē
dukh kamsa kō mukh kum lāyō jī āyō

Entre Gokoul et Mathoura coule la rivière Yamouna, le bonheur règne à Gokoul et le chagrin à Mathoura. Le méchant Kamsa, qui sera tué par Krishna, est arrivé.

nanda bhavana mē naubat bājē
ānand mē pyāri gōpiya nāchē
gōkul mē sukh mathura mē
dukh mangal mōda basayō jī āyō

On célèbre une grande fête au palais de Nanda et toutes les gopis dansent, perdues de béatitude. Le bonheur règne à Gokoul et le chagrin à Mathoura. Ici est arrivé le bonheur, tout ce qui est de bon augure.

nanda kē ānanda bhajō jai kanaya lāl kī
hathī dīna ghōda dēna aur dīna pālki

Gloire à Krishna, la joie de Nanda. Donnez des éléphants, des chevaux et des palanquins à Krishna.

GŌVINDĀ GŌPĀLĀ

gōvindā gōpālā
bhajamana kṛṣṇa harē (2x)
he prabhū dīna dayāla
bhajamana śrī harē

gōvinda	Seigneur des vaches
gōpala	Protecteur des vaches
bhajamana kṛṣṇa harē	O mon mental, chante : Krishna Hari
hē prabhu	O Seigneur
dīna dayala	Toi qui es bon envers les affligés
bhajamana śrī harē	O mon mental, chante : Sri Hari

GŌVINDA JAI JAI

gōvinda jai jai gōpāla jai jai
radhā ramana hari
gōvinda jai jai

Victoire, victoire au Seigneur des vaches (Krishna), victoire, victoire à Gopala, victoire, victoire au Bien-aimé de Radha, Krishna.

GŌVINDA MĀDHAVA GŌPĀLA

gōvinda mādhava
gōpāla kēśava
jaya nanda mukunda
nanda govinda rādhē gōpāla
giridhāri giridhāri
jaya rādhē gōpāla
ghana śyāma śyāma śyāma rādhē
rādhe gopāla
jaya nanda mukunda nanda gōvinda rādhē gōpala

gōvinda	Seigneur des vaches
madhava	Bien-aimé de Lakshmi
gōpala	Petit pâtre
mukunda	Toi qui accordes la libération
kēsava	Maître des sens
nanda	Fils de Nanda

giridhari	Toi qui as tenu la montagne dans Ta main
ghana śyāma	Toi qui as le teint sombre
rādhē	Bien-aimée de Krishna

GŌVINDA RĀDHĒ

gōvinda rādhē gōvinda rādhe
gōvinda govinda gōpāla rādhe
vēṇu vilōla hṛdaya gōpāla
gōvinda gōvinda gōpāla rādhē
bhakta vatsala bhāgavata priya
gōvinda gōvinda gōpāla rādhē
gōvindaSeigneur des vaches

rādhē	Bien-aimée de Krishna
gōpala	Petit pâtre
vēṇu vilōla hṛdaya	Toi qui joues de la flûte dans le cœur
bhakta vatsala	Toi qui aimes les dévots
bhagavata priya	Toi qui es cher aux dévots

GURU CARAṆAM

guru caraṇam guru caraṇam
śrī guru caraṇam
bhava haraṇam
paramaguru caraṇam
bhava haraṇam
satguru caraṇam
bhava haraṇam
śiva guru caraṇam
bhava haraṇam

Les pieds du gourou détruisent le cycle des naissances et des morts. Les pieds du gourou suprême détruisent le devenir. Les pieds du satguru détruisent ce cycle. Les pieds du gourou, l'égal de Shiva, détruisent ce cycle.

GURU MAHARĀNI

guru maharāni guru maharāni amṛtānandamayī
amṛtānandamayī mātā amṛtānandamayī
ōm mātā śrī mātā amṛtānandamayī
aṛabi kaṭal tīrattay amarum divya yōgini
amṛtānanda mayī dēvi
sāṣṭāṅgam praṇamichiṭam

Je me prosterne devant Mata Amritanandamayi, reine entre les gourous, divine yogini, qui demeure sur le rivage de la Mer d'Oman.

ātma vidya nēṭānum
satdharmācaraṅattinum
bhukti mukti pradē dēvī
sāṣṭāṅgam praṇamichiṭām

Je me prosterne devant la déesse qui accorde à la fois bhukti (les plaisirs de ce monde) et mukti (le salut spirituel) en l'implorant de m'accorder la connaissance spirituelle et de me donner la force d'adhérer au dharma (la Loi divine qui maintient l'harmonie du monde).

kāma kāṇcana lōbhādi
kāḷa kūṭa viṣaṅgaḷē
katti karichu viṭṭīṭum
kāḷi sātru vināśini

O Mère, Tu es en vérité Kali, Celle qui détruit les obstacles sur la voie spirituelle, entre autres les poisons mortels que sont la luxure et l'avidité.

bandhu villātto rēzhaykku
bandhuvāyi vilasēṇamē
bandha mōkṣaṅgal nalkunna
bandhuvē nitya kanyakē

Ceux qui (comme moi) n'ont pas de famille, je T'en prie, sois leur famille, O Vierge éternelle, Toi qui donnes la servitude et la Libération.

śrī mātā śri maharājñī
śrīmat simhāsanēśvarī

Toi qui règnes, suprême, sur l'univers, Impératrice de l'univers !

GURUVĀYUR PURA

guru vāyûr pura śrī hari kṛṣṇa nārāyaṇa gōpāl
mukunda mādhava muralidhāri nārāyaṇa gōpāl
mādhava madhusūdana hari nārāyaṇa gōpāl
mana mōhana muralidhāri murāri nārāyaṇa gōpāl
gōvardana giridhāri murāri nārāyaṇa gōpāl

guruvāyur pura	Celui qui habite Gourouvayur
śrī hari	Vishnou
nārāyaṇa	Vishnou
gōpal	Petit pâtre
mukunda	Celui qui accorde la Libération
mādhava	Bien-aimé de Lakshmi
murali dhāri	Celui qui tient une flûte à la main
madhusûdana	Celui qui a détruit le démon Madhou
mana mōhana	Celui qui enchante le mental
gōvardana giridhari	Celui qui a soulevé la montagne Govardhana

HARI HARI ŚRĪ HARI

hari hari śrī hari śaraṇam śaraṇam
hari śrī hari hari śaraṇam śaraṇam
śaraṇam hari hari śrī hari śaraṇam
hari caraṇāmbujam aniśam śaraṇam

O Seigneur Vishnou, accorde-nous refuge ! Les pieds de lotus du Seigneur Hari sont notre refuge éternel.

uraga śayanan ulakapālakan
praṇava payōdadhi valayita nilayan
vyāpana śīlan viṣṇu pradhānan
kēvala caitanya kēdārabhūtan

Salutations au Seigneur Vishnou qui dort sur le serpent Ananta, (ce serpent symbolise le temps infini) Protecteur du monde, dont la demeure est entourée de l'océan de lait sacré, Omniprésent, incarnation de l'Esprit absolu.

niyama rūpan nikhilādhāran
sakala samsāra duritāpahāran
anubhava sāra rasāmṛta rūpan
nikhila nigamānta sārātma rūpan

Le guide et le soutien de tous, Celui qui détruit toutes les souffrances liées à ce monde, l'essence du nectar de l'expérience divine, la quintessence des Upanishads.

HARI ŌM

hari ōm hari ōm hari ōm hari ōm
hari hari hari ōm
mujhe lāghi lagan hari darśan kī
hari darśan kī

J'aspire à la vision du Seigneur

jaise ban me papihā man me
papihā man me
āśa kare nitha darśan kī
hari darśan kī

Comme l'oiseau papiha qui ne chante qu'une seule note, toutes mes pensées n'aspirent qu'à la vision de Dieu.

gale vana mālā mukuta viśālā
mukuta viśālā
pītha vasan sundar thanu kī
hari darśan kī

Tu es beau, paré d'une guirlande de fleurs sauvages, d'une couronne royale et vêtu de jaune.

man katti ūpar caraṇ na nūpure
caraṇ na nūpar
kar mē gadā sudarshan kī
hari darśan kī

Le Seigneur porte aux pieds des signes de bon augure et des bracelets de cheville, Il tient une massue et le Sudarshan chakra (une arme en forme de disque).

brahmānandā pyāsu manu māhi
pyāsu manu māhi
caranu kamala yuga paraṣanu kī
hari darśan kī

Brahmananda (l'auteur du poème) aspire à s'unir aux pieds de lotus de Krishna.

HĒ BHAVĀNI HĒ DAYĀNI

hē bhavāni hē dayāni hē mahēṣi namō namō
śaṅkari dēvi namō namō
śakti brahmāni namō namō

O épouse de Shiva (Bhava), Toi qui es miséricordieuse, grande déesse, salutations, salutations, O énergie divine, épouse du Seigneur Brahma, salutations, salutations.

HĒ GŌVINDA HĒ GŌPĀLA

hē gōvinda hē gōpāla hē dayālanā
prāṇa nātha anātha sakhē
dīna durita nivār

hē samarth agamya purān
mōha māyā kār

hē	Oh
gōvinda	Seigneur des vaches
gōpala	Protecteur des vaches
dayālanā	Miséricordieux
praṇa nātha	Seigneur de la vie
anātha sakhē	Ami des orphelins
dīna durita nivār	Toi qui détruis la souffrance des affligés
samarth	Omnipotent
agamya	Inconnaissable
puran	Ancien
mōha maya kar	Cause de l'illusion de l'attachement

andhakup mahā bhayānak
nānak pāl udhār

Nanak prie : « O Seigneur miséricordieux, tire-moi des ténèbres effrayantes de ce puits. »

HĒ MĀDHAVĀ

hē mādhavā madhusūdhanā
dayā karō hē yadu nandanā
hē yādavā muralidharā
śyāma gōpālā giridhara bālā
nanda nandanā govindā
navanīta cōrā gōvindā
mathurā nāthā gōvindā
murali manōhara gōvindā
gōvindā govindā rādhē śyāma gōvindā
nandakumārā gōvindā
navanīta cōrā gōvindā

hē mādhava	O époux de Lakshmi
madhusûdhana	Toi qui as tué le démon Madhou
daya karō	Sois miséricordieux
hē yadu nandanā	O fils de la dynastie des Yadous
hē yadava	O Toi qui appartiens au clan des Yadavas
muralidhara	O Toi qui tiens la flûte
śyāma gōpala	Toi qui as le teint sombre, protecteur des vaches
giridhara bala	L'enfant qui a soulevé la montagne
gōvind a	Seigneur des vaches
navanita cōra	Voleur de beurre
mathura nātha	Seigneur de la ville de Mathoura
murali manōhara	Toi qui, par le son de Ta flûte, captives le mental.
nandakumara	Fils de Nanda

HĒ NĀTH AB TU

hē nāthe abe tu aisī dayā hō
jīvan nira tak jāne napāye

O Seigneur, pour aujourd'hui au moins, aie la bonté de veiller à ce qu'en luttant dans les combats de la vie, je ne cède pas à la lassitude.

yah man na jāne kyā kya karāye
kuche ban na pāyā apene banāye

Quand le mental me poussera-t-il à agir à sa fantaisie ? Je l'ignore. Je n'ai pas réussi à devenir quoi que ce soit par moi-même.

samsār me hī āsakta rahekar
dine rāte apene matalabhu kī kahe kar
sukhe keliye dukh lākhōm śarane par
ye din abhi tak yō hī bitāye

Attaché à ce monde, agissant pour satisfaire mes désirs égoïstes, récoltant la souffrance en essayant de trouver le bonheur, voilà comment ma vie a passé.

aisā jagādō phir sō nā jāvūm
apene kō niṣkām prēmi banāvū
mem āp kō chā hū ōr pāvu
samsāre kā me rahe kuch na jāye

Réveille-moi de manière à ce que je ne me rendorme plus jamais. Puissé-je ne rien désirer d'autre que Toi, ne rien obtenir d'autre que Toi. Qu'il n'y ait plus en moi la moindre trace des peurs liées au monde.

baha yōgyatā dō sat karma karlūm
apene hṛdayame sate bhāvu bharlūm
naruttan hē sādhan
bhave sindhu karelūm
aisā samayi phīr āyena āye

Rends-moi capable d'agir toujours de manière juste, que la bonne volonté remplisse mon être. Fais-moi traverser l'océan de la transmigration. Qui sait si une chance aussi précieuse se présentera de nouveau ?

hē nāthe mujje nirbhimāni banādō
dāridra harelō dāni banādō
ānanda me bhī jñānī banādō
mē hum tumhāri āśā lagāye

O Seigneur, rends-moi humble, détruis mon orgueil illusoire. Remédie à la pauvreté et rends-moi charitable ; accorde-moi la béatitude, fais de moi un être réalisé. J'aspire constamment à me fondre en Toi.

HĒ RĀM HĒ RĀM

hē rām hē rām
jag mē sucō tērā nām
tū hī mātā tū hī pitā hai
tū hī tō hī rādhā kā śyām

O Rama, Rama, Ton nom imprègne le monde entier. Tu es la mère, Tu es le père, Tu es en vérité le Krishna de Radha

tū antaryāmi sabe kā svāmī
tērē caraṇōm me chār dām
tū hī bigāde tū hī savāre
is jag kē sāre kām

Seigneur de toute chose, Tu es présent en chaque créature. Tes pieds sont la demeure de tous. Tu es le jour et la nuit. T'adorer devrait être la seule activité de toutes les créatures.

tū hī jagadhāthā viśva vidhāthā
tū hī subah tū hī śyām
tū hī gītā tū hī rāmāyan
tū hī tō hē vēdpurān

Tu es le Créateur de cette terre et de tous les êtres qui y vivent. Tu es l'univers entier. Tu es le matin et aussi le soir. Tu es la Bhagavad Gita et le Ramayana, Tu es l'essence de tous les Védas et des Puranas.

HṚDAYĀÑJALĪ PUṢPA

hṛdayāñjalī puṣpa kalitāñjalī amba
kavitāñjalī sāma gānāñjalī
madhurāñjalī... bhāva
bharitāñjalī amba
puḷakāñjalī bāṣpa mukuḷāñjalī

Mère, nous T'offrons l'adoration du cœur, l'adoration avec des fleurs, nous T'adorons avec de la poésie, avec des versets védiques, tendre adoration, adoration pleine de passion, adoration les cheveux dressés sur la tête, adoration avec les fleurs en boutons de mes larmes.

amṛitēśvarī amba śaraṇam sadā hṛdī
viḷayāṭaṇē pada malarēkanē
janakōṭikal kōṭi stutigītikal
pāṭī pukazhttīṭunnu manam kuḷirtīṭunnū

O Mère Amriteshvari, Tu es mon refuge éternel. Je T'en prie, viens jouer dans mon cœur et laisse-moi tenir les deux fleurs que sont Tes pieds. Des millions d'êtres chantent Ta gloire en d'innombrables hymnes qui apaisent le mental en feu.

matimōhanam dēvī karuṇāmṛtamṛta
kathakaḷ dayāmayī mahadāścaryam

karaḷ nont "ammē" ennu karayumpōzhe - makkaḷ
karatār koṭuttamma karayēttunnū

Dévi, pleine de compassion, merveilleuses sont les histoires ambrosiaques qui témoignent de Ta grâce, elles captivent l'intellect. A l'instant où Tes enfants appellent, dans la souffrance de la séparation, « Mère ! » Tu leur tends la main, douce comme une fleur, et les tires sur la rive.

amṛtēśvarī amba bhuvaneśvarī
kāmya varadāyinī prēma sura vāhinī
karuṇāmayī kaṇṇīnima pōlamme - kāttū
kaniyēname nanma coriyēṇamē

O Mère Amriteshvari, déesse de l'univers, Toi qui accordes les faveurs que l'on désire, Tu tiens le vin de l'amour, Mère miséricordieuse. Comme les paupières protègent les yeux, daigne nous protéger et répandre sur nous toutes les bonnes fortunes.

HṚDAYĒŚVARĪ EN HṚDAYA

hṛdayēśvarī en hṛdaya vipañchiyil
uṇarunna svara rāgam nī

O déesse de mon cœur, Tu es la note de musique et le raga qui s'éveillent sur le luth de mon cœur.

ā nāda lahariyil ñān ennum darśikkum
vidyā sarasvati nī – ente jīvita sarvasvam nī

Toujours je verrai Ta forme, O Sarasvati, déesse du Savoir, dans l'extase de ce son. Tu es tout pour moi.

nin mṛdu hāsamen anta rangattilor
āyiram ventiṅgaḷāyi
nin kaṭākṣattinte kāruṇya tennalil
ñān aliññillāteyāyi

Ton doux sourire s'est transformé en mille croissants de lune au plus profond de mon cœur. Mon individualité a été balayée par la douce brise de Ton regard compatissant.

nin cālanaṅgalinn ōrōnnum ennuṭe
sundara svapnaṅgaḷāyi

Chacune de Tes actions devient pour moi un tendre rêve.

nin tiru nāmam innenne piriyātta
cintā malarukalāyi

Ton nom sacré ne me quitte pas, il fleurit toujours dans ma pensée.

nin cāru rūpaminn ōmanichīṭāttōr
ōrmakaḷ illāteyāyi

Il n'y a plus dans ma mémoire aucun souvenir d'où Ta forme adorable soit absente.

en hṛdayēśvari ende hṛit spandanam
nin kīrttanālāpamāyi

O déesse de mon cœur, les battements de mon cœur eux-mêmes sont devenus des chants de dévotion pour Toi.

INDIRĒ SUBHA MANDIRĒ

indirē śubha mandirē
ghanasāra candana carchitē
sundarī sura vandinī
jana vṛnda vandya padāmbujē

O Indira, support de tout ce qui est favorable, belle déesse que les dieux vénèrent, les multitudes Te vénèrent avec dévotion.

ennil vannuḷavāyitunnora-
nartha jāla mozhicchu nī

mandahāsa samētamennuṭe
mānasē vilasēṇamē

Je T'en prie, ôte les obstacles de mon chemin, reste auprès de moi, le visage souriant.

sūrya kōṭi samānanē
taruṇārkka candra vilōcanē
pāvanī sukha dāyinī
śubha sāmagāna vinōdinī

Ton visage a l'éclat de dix millions de soleils. Tes yeux sont pareils au soleil levant et à la lune. Tu es si pure. Tu détruis le monde de l'illusion.

bhēda mokkeyozhichu durgati
nīkkiyakkare pūkuvān
yōgyamāyor anugraham taruk-
īśvarī jagadīśvarī

Afin que je parvienne à dépasser la tristesse et la fatalité, puis à traverser l'océan de maya, je T'en prie, accorde-moi Ta bénédiction, O Mère de l'univers.

IṄGAKALE NINNE KĀṆĀN

iṅgakale ninne kāṇān uzharunnu
etrayō kātattin appuṟam nī
eṅgane ñān ammē nin cāru rūpatte
oru nōkku kandiṭum prēma mūrtē

Je languis de Te voir, O Mère, mais Tu es si loin, à des lieues de distance.Comment pourrais-je voir un court instant Ta forme si belle, juste un court instant, quand Tu es si loin, Incarnation de l'Amour ?

entu pizhachu ñān enne tanichākki
itra vēgam vīndum pōyiduvān
vīndum enikki vidhiyeṅkil pāriṭa
jīvitam ennatin arthamentu

Quelle erreur ai-je donc commise pour que tel soit mon destin ? Tu es repartie si vite, et me voilà de nouveau seul ! Je contemple le sens de cette vie, si toutefois elle en a un.

āroṭu collum ñān en manō vēdana
ārundu nī yallā tīśvarī col
onnōṭi vanniṭu ninne ninachu ñān
orō nimiṣavum eṇṇi nilppū

A qui confierai-je ma douleur ? Qui d'autre est là pour moi ? Dis-moi, O déesse, et reviens vite, je T'en prie ; je compte chaque instant qui passe.

INNALLŌ KĀRTIKA NĀIU

innallō kārtika nāḷu
ennamma piranna nālu
saundaryam viḷangum nāḷu
santōṣam pūkum nāḷu

C'est aujourd'hui l'étoile de Kartika, (l'étoile de naissance d'Amma), c'est le jour où ma Mère est née, c'est une journée lumineuse et belle, où le bonheur est partout.

ñaṅgaḷe dhanyarākki
ñaṅgaḷe mattarākki
ñaṅgaḷe bhrāntarākki
ñaṅgaḷe śantarākki

Nous sommes bénis, nous sommes ivres de joie, nous sommes transportés d'extase, nous sommes en paix avec nous-mêmes.

snēham pakarnnu nī āvōḷam tannu
ellām marannu ñānatu nukarnnu
nin divya snēhattin pakaram nalkān
ilammē en kayyil onnummilla

Tu m'as abreuvé à la fontaine de Ton amour ; m'oubliant, j'ai bu autant que je pouvais. Mais hélas, Mère, je n'ai rien à Te donner en retour, rien qui puisse égaler Ton amour divin.

janmadina sammānamentu nalkumammē
enteyī janmam ñān ninnilarppikkām
enteyellām nī ñān ninte dāsan
satakōṭi vandanam karuṇāmayī

Que puis-je T'offrir en cadeau d'anniversaire, O Mère ? Que ma vie Te soit consacrée, Tu es tout pour moi et je suis Ton serviteur. O Mère, incarnation de la compassion, je me prosterne des millions de fois devant Toi.

IRUḶ TIṄGI VAḶARUNNA

iruḷ tiṅgi vaḷarunna vanabhūmiyil
oru karal nontu karayunna karivandu ñān
poriyunna vayarinnu pāśi nīkkuvān – ammē
prabha tūku malar kandu madhu vundiṭān

O Mère, cette abeille meurt de faim ; il fait trop sombre dans cette dense forêt pour y découvrir les fleurs remplies de nectar. Je T'en prie, apporte un peu de lumière.... je pleure à m'en briser le cœur.

jani tannu tikavutta manurūpavum - ammē
mati tannu tiru [hari] nāma mura ceytiṭān - ī
vidhi vanna vazhiyentu karaḷ nīṟuvān? itu
hitameṅkil ivannilla etir bhāvavum

O Mère, Tu m'as donné cette naissance humaine pour que je puisse chanter le nom du Seigneur de tout mon cœur. Pourquoi mon destin est-il de pleurer ainsi, dans cette souffrance extrême ? Si tel est Ton désir, je n'ai pas une parole pour protester.

sthala mundaṅgadhikam nin mana tāratil - tava
pada bhakta tanayarkku viḷayāduvān
sarvam nin pada tāril kaṇi kandiṭān oru
nōṭi nēra mivanamma iṭayēkaṇē

O Mère, Ton cœur est assez vaste pour accueillir tous Tes dévots. Je T'en prie, trouve un instant pour m'aider à tout abandonner à Tes pieds.

aṣṭikku vazhi tēdi paṭi yettuvān ammē
bhikṣaykkāyi ninavilla, nahi pātravum
kṣuttinnu perukunnu mama kukṣiyil tava
mṛdu bhakti lata tannil amṛtēku nī

O Mère, je ne sais comment arriver à Ta porte pour y mendier ma nourriture quotidienne. Et mon bol de mendiant n'est pas digne de la nourriture que Tu prodigues. Mais le désir intense de savourer le nectar de la tendre plante grimpante de la dévotion (bhakti) croît de jour en jour.

JAGADHŌDHĀRIṆI MĀTĀ

jagadhōdhāriṇi mātā durga
jagadhōdhāriṇi mā
jāgō jāgō mā jāgō jāgō mā jāgō jāgō mā janani
jai gauri dēvi rana caṇḍi dēvi
hē śiva ramaṇī jāgō mā
jaya jagadhōdhārini mā

jagadhō dhāriṇi	Soutien du monde
mātā durga	Mère Durga
jagō mā	Réveille-Toi, O Mère
janani	Mère
jai gauri dēvi	Gloire à la déesse, l'épouse de Shiva
rana caṇḍi dēvi	Déesse féroce sur le champ de bataille
hē śiva ramaṇī	Déesse qui apporte le bonheur à Shiva.

JAGADĪŚVARI JANAMANAHĀRINĪ

jagadīśvari janamanahāriṇī
paramēśvari paśupati ramaṇī
patitāvani pāvani jananī
mati dāyini māyini layinī

śivarañjini śāmbhavi śivadē
paśupāśa vimōcana mahitē
munimānasa śōbhini śubhadē
śaranāgata pālini sukhadē

ajavāsava vandita caraṇē
kamalōpama sundara nayanē
nigamāgama varṇita caritē
karuṇāmayi kāmita varadē

mṛduhāsa suśōbhita vadanē
paripāvana mōhana naṭanē
karuṇārasa sāgara hṛdayē
sakalāmaya hāriṇi kalayē

jagadīsvari	Déesse de l'univers
janamanahariṇi	Tu enchantes le mental
paramēśvari	Déesse suprême
pasupati ramaṇi	Tu apportes la joie à Shiva

patitāvani	Celle que les affligés vénèrent
pāvani	Pure
janani	Mère
matidāyini	Celle qui accorde l'intelligence
mayini	Grande enchanteresse
layini	Grande destructrice
śivarañjini	Celle qui fait les délices de Shiva
śambhavi	Autre nom de la déesse Durga
śivadē	Celle qui donne tout ce qui est favorable
paśupāśa vimōcina	Celle qui dénoue les liens de l'attachement
mahitē	Grande
munimanasa sōbhini	Qui brille dans le mental des saints
śubhadē	Celle qui apporte tout ce qui est favorable.
śaranāgatapālini	Celle qui protège ceux qui prennent refuge en elle
sukhadē	Qui donne le bonheur
ajavasavavandita caraṇē	Dont les pieds sont adorés par Brahma et Indra
kamalōpama sundara nāyanē	Dont les yeux ont la beauté des lotus épanouis
nigamagama varṇita caraṇē	Glorifiée par les Nigamas et les Agamas (Ecritures sacrées)
karuṇamayi	Compatissante
kāmita varadē	Celle qui exauce les désirs
mṛduhasa susōbhita vadanē	Dont le visage est embelli par un sourire doux et radieux.
paripāvana mōhana naṭane	Danseuse pure et enchanteresse.
karuṇarasa sāgara hṛdaya	Dont le cœur est un océan de compassion
sakalāmaya hāriṇi	Celle qui détruit toute souffrance
kalayē	La grande artiste

JAI JAI JAI DURGĀ MAHARĀNI

jai jai jai durgā maharāṇi
jai jai jai durgā maharāṇi

Victoire ! Victoire ! Victoire ! O Durga, grande Reine.

darśan dō durgā maharāṇi
darśan dō durgā maharāṇi

O Durga, grande Reine, accorde-moi la vision de Ta forme (darshan).

viśva kō mōhit karne vāli
tīn lōk mē rahne vāli
jagbharni janani varadāyi
darśan dō durgā maharāṇi
darśan dō durgā maharāṇi

O Enchanteresse de l'univers, O Mère présente dans les trois mondes, C'est Toi qui as donné naissance à la création entière et qui accordes toutes les faveurs. O Durga, grande Reine, accorde-moi la vision de Ta forme (darshan).

pāp nāś karlene vāli
bhaya dukh sab harlene vāli
simha vāhini mā kalyāni
darśan dō durgā maharāṇi
darśan dō durgā maharāṇi

O Mère Durga, Tu détruis l'ignorance, Tu nous délivres de la peur et de la souffrance. O Mère dont la monture est un lion, Tu incarnes tout ce qui est favorable. O Durga, grande Reine, accorde-moi Ton darshan.

śraddhā karunā bhakti rūp tum
chāyā māyā śakti rūp tum
hṛdaya vāsini ambe bhavāni
darśan dō durgā maharāṇi
darśan dō durgā maharāṇi

O Mère, Tu incarnes la foi, la compassion et l'amour et Toi seule es la grande illusion, la puissance suprême. O Mère Bhavani, Tu résides dans tous les cœurs. O Durga, grande Reine, accorde-moi Ton darshan. Victoire ! Victoire ! Victoire ! O Durga, grande Reine !

JAI JAI KĀLI MĀ

jai jai kāli mā (6x)
jai jai bhaya bhañjini kāli mā
jai jai bhava tāriṇi kāli mā
jai jai jagadīśvari kāli mā
jai jai jagadkāriṇi

Victoire à Toi, Kali, qui nous délivres de la peur, qui nous fais traverser l'océan de Maya, Mère et Cause de l'univers.

jai jai tripurasundari kāli mā
jai jai tribhuvanēśvari kāli mā
jai jai kṛpā sāgari kāli mā
jai jai śyāma sundari

Victoire à toi, Kali qui enchantes Shiva, océan de compassion, sombre et magnifique.

jai jai mahāyōgini kāli mā
jai jai mahāmōhini kāli mā
jai jai bhakti dāyini kāli mā
jai jai mukti dāyini

Victoire à Toi, Kali, la plus grande des yoginis, la plus grande des enchanteresses, Celle qui accorde la dévotion (bhakti) et la libération (mukti).

jai jai mātru rūpiṇi kāli mā
jai jai prēma rūpiṇi kāli mā
jai jai brahma rūpiṇi kāli mā
jai jai śakti rūpiṇi

Victoire à Kali, manifestation de la Mère divine, incarnation de l'amour divin, de Brahman (le sans-forme) et de l'énergie divine.

JAI MĀ JAI KĀLI MĀ

jai mā jai kāli mā mā jai kāli mā jaya mā
jaya kāli dēvi
jaya mā jaya kāli dēvi
jaya jaya mā jaya kāli dēvi
jai mā jai (durga, pārvati, lakṣmi, śārade)......

jai mā	Victoire à la Mère
jai kāli mā	Victoire à Mère Kali
jaya kāli dēvi	Victoire à la déesse Kali

JAI MĀTĀ DĪ MĒRĪ MĀ

jai mātā dī mērī mā
mērā man tērī vihār
bahut dukhi hē ye sansār
muche bachāvō mērīi mā

Gloire à la Mère ! O Mère chérie, mon cœur est Ta demeure. Ce monde est rempli de tristesse. Je T'en prie, sauve-moi, Mère bien-aimée.

jai paramēśvari jai jagadīśvarī
jai bhuvanēśvarī rājarajēśvarī

Gloire à Parameshvari (l'épouse du dieu Shiva), à la déesse qui règne sur le monde, à celle qui règne sur la terre, gloire à la reine souveraine des autres souverains.

mātā kāli śmaśānavāsini
mātā durga simhavāhini
mahishāsura kā anthe kāran
muche bachāvō mēri mā

Mère Kali vit dans les lieux de crémation ; Mère Durga chevauche un lion. Toi qui as mis un terme à la vie du démon Mahisha, je T'en prie, sauve-moi, O Mère bien-aimée.

madurai mīnākṣi kanyakumāri
kāñchi kamākṣi mā karumāri
gāttā hume mē gīte tumāri
muche bachāvō mērī mā

La déesse Minakshi de Madurai est une jeune fille ; la déesse Kamakshi de Kanchipuram est Mère Karumari. Je chante Ta gloire, je T'en prie, sauve-moi, O Mère bien-aimée.

JAI ŚĀRADĒ MĀ

jai śārade mā jai śārade mā (amritesvari mā)
ajñānata se hamem pār de mā

O Mère Sarada, (un aspect de Dévi, la déesse de la connaissance) fais-nous traverser l'océan de l'ignorance.

tū svar ki devi ho sangīte tuchhese
hare sabde tera ho hare gīte tuchhse
ham hai akele ham hai adhūre
teri śarane mem hamem pyāre de mā

Tu es la déesse du son, l'origine de la musique, la source de toute parole et de tous les chants. Nous sommes seuls, nous sommes fragmentés, nous cherchons refuge en Toi ; donne-nous Ton amour.

muniyōm ne samechhī
guniyōm ne jānī
vedōm ki bhāshā purānōm kī vānī
ham he kyā samachhe
ham he kya jāne
vidyā ka hame kō adhikāre de mā

Les sages et les êtres vertueux comprennent le langage des Védas et les paroles des Puranas (épopées). Que pouvons-nous saisir ? Que pouvons-nous savoir ? O Mère, rends-nous dignes d'acquérir la connaissance.

tū śvet (śyam) varenī devōm ke devī
hāthōm me vīnā gale me sūmālā
manese hamāre mitā de andhera
hame kō ujālōm ka samsāre de mā

Tu as le teint clair (ou sombre « shyam » pour désigner Amma), tu es la Déesse des dieux. Tu tiens la vina (luth indien) et portes une magnifique guirlande. Détruis les ténèbres qui enveloppent notre esprit et donne-nous le monde de la lumière.

JAI SARASVATĪ

jai sarasvatī
namō namō tava caraṇam
jai sarasvati
namō namō mama jananī

Gloire à la déesse de la Connaissance, nous nous prosternons à Tes pieds, Gloire à la déesse de la Connaissance, O ma Mère.

JAYA JAGAD JANANĪ

jaya jagad jananī jagadambē
mātā bhāvāni mātā ambē
jai jai jai jai jai jagadambē
jai jai jai jai jai mātā ambē
mātā ambē, mātā ambē, mātā ambē
mātā bhāvāni mātā ambē

Gloire à la Mère universelle, à la Mère divine de l'univers, épouse de Shiva, la Mère divine. Gloire à la Mère divine universelle, O Mère divine.

JAYA JAYA MAHEŚVARĪ

jaya jaya mahēśvarī bhakti mukti pradē
jagadudaya kāraṇē kāruṇya vāridhē
manataḷirilepozhum ninne stuticchiṭum
mama hṛdiyanāratam narttanam ceyyaṇam

O Maheshwari, Toi qui accordes la dévotion et la libération, Origine du monde, O Toi qui es toujours compatissante, je T'en prie, viens danser dans mon cœur qui chante constamment Tes louanges.

jani mṛiti nivāraṇam bhava taraṇa tārakam
madhu mathana sēvitam muni jana niṣevitam
hari hara viriñcādi lāḷitam tvalppadam
mama hṛdiyanāratam narttanam ceyyaṇam

Tu nous permets de transcender la naissance et la mort. Tu nous fais traverser l'océan de la transmigration. Brahma, Vishnou, Shiva, tous les sages et les êtres réalisés Te vénèrent.

jaya jaya śivātmikē śakti svarūpiṇī
mahitaguṇa śālinī pañca bhūtātmikē

vibudhajana sēvitē viditabudha pūjitē
mama hṛdiyanāratam narttanam ceyyaṇam

Tu es la puissance de Shiva. Tu es dotée de toutes les qualités divines. Tu es la force qui sous-tend les cinq éléments de la nature. Tous les sages Te vénèrent. Je T'en prie, viens danser dans mon cœur.

maṛajñāna poruḷāyi maṛayōrku vandyāyi
maṛakaḷkkumappuṛam nilkkum ambē
maṛanālum vazhttum manōharam tvalppadam
mama hṛdiyanāratam narttanam ceyyaṇam

Tu es la sagesse de tous les Védas réunis ; Tu transcendes également les Védas et les Ecritures. Tu es digne d'être vénérée par les érudits versés dans les Védas et par les êtres réalisés. Les quatre Védas rendent gloire à Tes pieds enchanteurs.

sakala duritāpaham kaivalya dāyakam
bhānu kōṭi prabham bhaktajanārchitam
kēvalānanda pradāyakam tvalppadam
mama hṛdiyanāratam narttanam ceyyaṇam

Tu nous délivres du malheur. Tu accordes la Libération à ceux qui le méritent. Tu as l'éclat de dix millions de soleils. Que Tes pieds vénérés qui accordent la pure béatitude dansent à jamais dans mon cœur.

JAYA MĀ JAYA MĀ

jaya mā jaya mā
jagadīśvari pāhi mām
jagadīśvari sarvēvari
bhuvanēvari pāhi mām

Gloire à la Mère. Protège-moi, O Impératrice de l'univers, Impératrice de toutes choses, Impératrice de la terre, protège-moi.

JAYA ŚIVA ŚAṄKARA

jaya śiva śaṅkara jaya abhayaṅkara
sāmba sadāśiva
śiva harare śiva harare śiva harare
jaya śiva śaṅkara jaya abhayaṅkara
jaya gangādhara jaya bimbādhara
vyāgrāmbhara dhara
śiva harare śiva harare śiva harare

jaya siva saṅkara	Gloire à Celui qui est propice
abhayaṅkara	Toi qui libères de la peur
samba sadasiva	Toujours propice
harare	Le destructeur
gangadhara	Celui qui porte le Gange dans ses cheveux
bimbadhara	Qui porte le croissant de lune
vyagrambharadhara	Qui porte une peau de tigre

KALA MURALĪ

kala muralī ravalōla mukunda
kali vīṭākkuka karaḷ, gōvindā
kavi jana kalpana puṣpa vimānam
karalitu tāvaka ratna vimānam
nirupama sundara viśvakamānam
tava naṭanōtsava ranga vitānam

O Mukunda, petit joueur de flûte enchanteur, viens jouer dans mon cœur. Mon cœur est l'aéroplane doré dans la vision du poète (allusion au Ramayana, il s'agit du véhicule dans lequel Ravana enlève Sita et que Rama et Sita utilisent ensuite pour rentrer à Ayodhya), c'est aussi Ton véhicule. Quand Tu y demeures, c'est le plus beau palais du monde.

oru piṭiyavalālanupama bhāgyam
oru tariyilayālamṛta nivēdyam!
tirumizhi nīril nanañña nicōlam
pakaruka draupadimārkkabhimānam

Une poignée de riz soufflé fut le point de départ du bonheur, une feuille devint l'offrande divine. Sauve l'honneur de toutes les Draupadis du monde en leur offrant Ton châle qui s'allonge à l'infini.

eḷiya vanennum kaṇṇā nin sakhi
eḷya mulantandanupama lahari kaṇṇa
yadukula bālanu pīlittirumuṭi
yatikaḷil yati nī rāsavihāri!

O Kanna, Tu aimes les humbles, les démunis. Un morceau de bambou sans valeur (la flûte) est la source d'une joie inégalée. Le garçon de la dynastie des Yadous a donné un statut élevé à une simple plume de paon. Parmi tous les sages, Tu es le plus grand, O Toi qui nous enchantes en dansant la rasa-lila.

KĀLCHILAMBOCHA

kālchilambocha kēlkkāttatentē- kaṇṇan
kāṇāmaṛayattu pōyi maṛaññō?
kanmaṣanāśanan kaṇṇanen cētassin
daṇḍam nivarttichiṭāttatentē?

Pourquoi ne puis-je entendre le tintement des bracelets de cheville de Kanna ? S'en est-Il allé en un lieu éloigné ? Kanna guérit toutes les douleurs, pourquoi n'apaise-t-Il pas la souffrance de mon cœur ?

kaṇṇīr kaṇaṅgaḷām pūvukaḷ kaṇṇante
kālkkalarppikkān ñān kāttirippū!
tāmasam tellum varāte kaṇṇan mana-
kkaṇṇil teḷiññullasichṭēṇam!
kaṇṇā....(6x)

J'attends de pouvoir offrir mes larmes comme des fleurs à Ses pieds ! Puisse Kanna briller dans mon cœur sans tarder !

kāṇātirippatinentu ñāyam mana-
kkaṇṇinte kāzhcakkuṟavinālō?
kāruṇya mūrttiyām kārmukil varṇṇante
nērmizhichāyi vennilūnniṭēṇam
kaṇṇā...(6x)

Pourquoi ne puis-je voir Kanna ? Mon œil intérieur est-il aveugle ? Puisse le regard de Celui qui est l'incarnation de la compassion, qui a le teint couleur de nuages, se fixer sur moi !

centāmarākṣane cintichu vēṟuḷḷa-
cintakaḷ tāne nilachupōṇam
prēmātmarūpattil āzhnen manam sadā
sāyujyasaukhyam nukarnnu pōṇam

Puissent toutes les pensées cesser, fixées sur Celui dont le regard est sacré ! Puisse mon esprit, absorbé dans cette forme adorable, goûter à jamais la béatitude de l'union !

KĀLI DURGE NAMŌ NAMĀ

kāli durgē namō namā
kāli durgē namō namā
śakti kuṇḍalīnī namō namā
kāli durgē namō namā

ūmā pārvati namō namā
kāli durgē namō namā

Je salue Kali et Durga, l'énergie de la Kundalini, Ouma et Parvati.

KĀLI MAHĒŚVARI PĀRVATI

kāli mahēśvari pārvati śaṅkari
śaraṇam śaraṇam śaraṇam mā
śaraṇam śaraṇam śaraṇam mā
dukha vināśini durgā jaya jaya
kāla vināśini kāli jaya jaya
umā ramā brahmāni jaya jaya
rādhā rukmini sītā jaya jaya (2x)

O Kali, grande impératrice, fille de la montagne (Himalaya), Toi qui es favorable, je cherche refuge en Toi encore et encore. O Durga, Toi qui détruis la souffrance, O Kali, Toi qui détruis le temps, O Parvati, Lakshmi et Sarasvati, O Radha, Rukmini (épouse de Krishna) et Sita, victoire, victoire !

KĀLINDI TĪRATTU

kāḷindi tīrattu ninnum
muralī gānam kēlkattatente?
kaṇṇanteyā vanamāla tūkitum
saugandha vātamiṅgettāttatentahō?

Pourquoi ne puis-je entendre la musique de la flûte, montant des berges de la rivière Kalindi ? Pourquoi la douce brise ne souffle-t-elle pas, elle qui apporte le parfum exquis de la guirlande de fleurs sauvages que porte Kanna ?

kīṛippiḷarunnu neñcakam poṭṭunnu
nīrippukayunnu praṇaṅgaḷum sakhī!
ennātmanāthan manōharan mādhavan
ennarikattuminnumettāttatentahō?

Amie, mon cœur déchiré se brise. Je brûle intérieurement ! Pourquoi le héros de mon âme, Madhavan, le bel enfant, ne vient-Il pas vers moi aujourd'hui ?

rāvēṛe chennuvō pātirāvāyatō?
ā śyāmacandran udichuvō malsakhī?
paurṇṇami rāvinnamāvāsiyāyitō?
sīta samīraṇan tīttirayāyitō?

Chère amie, la nuit est-elle si avancée ? Est-il plus de minuit ? La lune sombre est-elle levée ? La pleine lune s'est-elle muée en nouvelle lune et la brise rafraîchissante en vague de feu ?

nīla prakāśamāyi kūriruḷāyavan
ennātma vāniṭam mūṭikkaḷaññuvō?
pēmāri peyyunna santāpa mēghamāyi
jyōtirmayan śyāmanāyaten karmamō?

Cette lumière bleue s'est muée en d'épaisses ténèbres. C'est ainsi qu'Il a recouvert mon ciel intérieur. Est-ce là mon destin ? Cet Etre glorieux est devenu sombre, il a pris la forme d'un nuage de chagrin qui déverse sur mon cœur des pluies torrentielles.

KAṆṆĀ KARIMUKIL VARṆṆĀ

kaṇṇā karimukil varṇṇā, ālila
kaṇṇā nṛttamāṭū
ente manassile vṛndāvanattin
nikuñjattil nṛttamāṭu
kaṇṇā nṛttamāṭu

O Kanna au teint couleur des nuages de pluie, Toi qui Te reposes sur la feuille de l'arbre pipal, viens danser, O viens danser dans le Vrindavan de mon cœur.

nandakumārā navanīta cōra
nannāyi nṛttamāṭū
tittōm tām kiṭa kiṭatōm tām
kiṭa kiṭatōm tām tittaiyyam nṛttamāṭu
manattozhuki parakkunnitātirā
tārangaḷ tan prabhāpūram
ōṭi varu kaṇṇā māṭi viḷikkunnu
ennile yamunā tīram
bālagōpāla vṛndāvana lōlā
ālolam nṛttamāṭu
tittōm tām kiṭa kiṭatōm tām
kiṭa kiṭatōm tām tittaiyyam nṛttamāṭu

O fils de Nanda, petit voleur de beurre frais, danse, danse gracieusement au rythme de la musique. L'éclat des étoiles illumine la voûte céleste, O Gopala, la rive de la Yamouna de mon être intérieur T'invite à danser, à danser vigoureusement sur la mélodie de la musique.

kāṭum meṭum tōzharum uṇaraṭṭe
pāduka vēṇugōpāla
kāṇatte ñaṅgaḷ mati varuvōḷavum
rādhā mādhava līla
nitya nirāmaya
nirupama sundara
nirttāte nṛttamāṭu
tittōm tām kiṭa kiṭatōm tām
kiṭa kiṭatōm tām tittaiyyam nṛttamāṭu

O Gopala, chante. Réveille les forêts, les vallées et tous les amis. Puissions-nous voir le jeu de Radha et de Madhava à satiété. O Toi, éternellement parfait, beauté incomparable, danse sans T'arrêter, danse sur la musique mélodieuse.

KANNANDE PUNYA NĀMA

kaṇṇande puṇya nāma varṇaṅgaḷ
karṇṇattilennu kēḷkkum ñān?
karṇṇattil kēṭṭu kōlmayir kondu
kaṇṇīrilennu muṅgum ñān?

kaṇṇīril muṅgi śudhanāyi nāmam
tannattānnennu pāṭum ñān?
tannatān pāti mōdattāl maṇṇum
viṇṇum ennu maṛakkum ñān?

maṇṇum viṇṇum maṛannu bhakti sam-
pūrṇanāyennu tuḷḷum ñān?
tuḷḷikkaḷichen samsāra kaḷa-
kaḷḷikaḷennu māykkum ñān?

akkaḷam māykkum kēli tuḷḷaliḷ
aṭṭahāsam ennārkkum ñān?
aṭṭahāsattāl śudhi dikkukaḷ
keṭṭinumennu nalkum ñān?

āṭṭavum kazhiññammatan maṭi-
taṭṭilēykkennu vīzhum ñān?
vīṇumammatan śītaḷānkattil
sānandam ennuṛaṅgum ñān?

uṟaṅgumbōzhuḷḷil karimukil varṇṇan
tiruvuṭalennu kāṇum ñān?
uṇṇarumbōl munnil kāyāmbū varṇṇam
kandu kandennuṇarum ñān?

Quand entendrai-je les noms de Krishna résonner à mes oreilles ? En entendant ces noms qui donnent le bonheur, quand serai-je baigné de larmes, les cheveux dressés sur la tête, en extase ? Baigné de larmes, je deviendrai pur et dans cet état de pureté absolue, quand réciterai-je les noms spontanément ? Oubliant terre et ciel, quand danserai-je, rempli de dévotion ?

En dansant, quand effacerai-je les souillures de la scène du monde ? Dans cette danse insouciante, qui me permettra de les effacer, je crierai très fort ; quand parviendrai-je à purifier les huit directions en appelant ainsi de toutes mes forces ?

Et une fois la représentation terminée, quand pourrai-je me laisser tomber dans le giron de ma Mère ? Blotti dans le giron de ma Mère, quand pourrai-je dormir à poings fermés ?

Et durant mon sommeil, quand pourrai-je contempler en mon cœur la magnifique forme de Krishna ? Et quand pourrai-je voir la forme enchanteresse du Seigneur Krishna au réveil ?

KAṆṆANIṄGETTUMŌ TŌZHI

kaṇṇaniṅgettumō tōzhi... tōzha
rādhayōṭottu pāṭumō tōzhi?
rāvintoṭukkatte yāmattileṅkilum
pōrātirikkumō tōzhī
kaṇṇaninn enne maṟakkumō tōzhī?

Chère amie, Kanna viendra-t-Il aujourd'hui ? Viendra-t-Il chanter avec Ses amis ? Ma chère compagne, ne viendra-t-Il pas au moins avant que la nuit ne s'achève? Amie, Kanna va-t-Il m'oublier ?

kāṇmatundō sakhi dureduretteṇgān
kāṟoḷivarṇṇante kāmyakaḷēbaram?
kēḷppatundō sakhi ā muḷantandil
ninnōlunna nāda vṛndāvana sārangi?

Amie, vois-Tu approcher au loin la forme enchanteresse de l'enfant au teint couleur de nuages ? O mon amie, entends-Tu la musique, bouleversante pour l'âme, qui vient de sa flûte ?

ī virahattinte tāpam sahiykkāten
prāṇa sañchāram nilecchupōmō sakhi?
tāmarasāṣa niṇgettunna nēramī
rādhayillāteyāyālō... priya sakhī?

O mon amie, la souffrance de la séparation mettra-t-elle fin à ma vie ? Quand Kanna aux yeux de lotus viendra, qu'arrivera-t-il si Radha n'est plus ?

illa sakhī, varum kaṇṇan varum - ninte
kaṇṇunīrin vila naṣtamāvilleṭō
rādha illē pinne ā muḷantandile
nādalahari nilaykkumennōrkka nī

Non, mon amie, Kanna viendra, nul doute qu'Il viendra. Tu n'auras pas pleuré en vain ! Sache qu'en l'absence de Radha, aucune musique enchanteresse n'émanera de la flûte de bambou !

KAṆṆĀ VĀDĀ UṆṆI

kaṇṇā vādā uṇṇi kaṇṇā vāṭā

Viens ! O Kanna (l'enfant Krishna), viens captiver les cœurs.

Kanna! veṇṇa kaṭṭuṇṇānāyi kaṇṇā vāṭā

Viens, Kanna, Te nourrir du beurre que Tu dérobes !

āṭānayi pāṭānayi kaṇṇā vāṭā

Viens, Kanna, chanter et danser !

gōkkaḷe mēykkānāyi kaṇṇā vāṭa

Viens Kanna, faire paître les vaches !

carattaṇyānāyi kaṇṇā vāṭā

Viens Kanna, que je Te prenne dans mes bras.

cāñjādi ceriñjādi kaṇṇā vāṭā

Viens Kanna, en bondissant et en sautillant !

puñciri tūki nī kaṇṇā vāṭā

Viens Kanna, toujours souriant.

muraliyil amṛtumāyi kaṇṇā vāṭā

Viens Kanna, c'est du nectar qui jaillit de Ta flûte de bambou !

pālada tinnānāyi kaṇṇā vāṭā

Viens Kanna, goûter un peu de crème !

pāyasamunnānayi kaṇṇā vāṭā

Viens Kanna, pour un repas de pudding sucré !

nanda nandana... sundara rūpa
kaṇṇā... kārvarna
mānasa cōra maru mukil varṇna
kaṇṇā...kārvarna

Kanna, l'enfant chéri de Nanda, bel enfant au teint sombre comme les nuages de pluie, viens, Kanna, viens !

KAṆṆUNĪRĀL KAṆṆU

kaṇṇunīrāl kaṇṇu kāṇātirunnāl
kaṇṇan varumbōḷ nī entōnnu ceyyum
kaṇṇe karayāte nī kāttirikkû
kaṇṇan varum vare kaṇṇīratakkû

O mes yeux, si vous êtes toujours remplis de larmes, comment verrez-vous Kanna quand Il viendra ? Je vous en prie, attendez-Le donc sans pleurer et retenez vos larmes jusqu'à Son arrivée.

kaṇṇunīrellām karaññu kaḷaññāl
kaṇṇante pādābhiṣēkam mutaṅgum
kaṇṇan trikkan kondu ninne tazhukum
annu nī ānanda kaṇṇīr pozhikku

Si toutes les larmes ont été versées, il n'y en aura plus pour laver les pieds de Kanna ; quand Il te lancera un regard plein de compassion, alors il sera temps de verser des larmes de joie ou de béatitude.

kaṇṇane dūrattu kandāluṭane
kaṇṇe nī cenniṅgetirēttiṭēṇam
ennu varum kaṇṇanennaṟiyīla
kaṇṇe nī kaṇṇima cimmātirikkū

Quand vous le verrez arriver de loin, O mes yeux, alors courez L'accueillir. Nul ne sait quand Il viendra, mais guettez-Le sans ciller.

kaṇṇan mazhamukil varṇṇan varumbōḷ
enne kuṟicchonnu nī uṇarttallē
kaṇṇe nī kaṇṇane kandeṭuttuḷḷin
kaṇṇilēkkānayichenne uṇarttû

Quand Kanna au teint de nuages sombres viendra, je vous en prie, ne Lui parlez pas de moi, O mes yeux, guidez-le simplement vers l'œil intérieur, afin que je trouve l'éveil.

KAṆṆU NĪRĀL ÑĀN AMMĒ

kaṇṇu nīrāl ñān ammē pādam kazhukīṭām
karuṇāmayī nī cārattan aññiṭumō?
kadanattāleriyunnu ninnil aliññiṭām
kanivamṛtaruḷiṭānanaññīṭumō? iniyum
viḷambam arutenteyammē

Je lave Tes pieds bénis de mes larmes, Amma, incarnation de la compassion, viendras-Tu près de moi ? Mon cœur souffre et brûle du désir de se fondre en Toi. Viendras-Tu répandre le nectar de la miséricorde ? Ma Mère, ne tarde plus...

janmāntaraṅgaliḷ alaññu naṭannu ñān
nin tiru kazhalil aṇaññīṭāte
māyāgarttattil patikkuṇōrennil
kṛipa coriyēṇamen jagadambikē iniyum
viḷambam arutenteyammē

J'ai erré au cours de bien des vies, sans réussir à me fondre en Tes pieds bénis. Ma Mère, Mère de l'univers, aie pitié de cette pauvre âme qui est sur le point de tomber dans le puits de l'illusion. Ma Mère, ne tarde plus...

pizhakaḷadhikamāyi ceytirikkām ñān
piriyarutē! ammē! veṭiyarutē!
piṭayunna manassin kadanaṅgaḷakattān
viḷambam arutente jagadambikē iniyum
vilambam arutenteyammē

J'ai peut-être commis bien des erreurs. Pourtant, Amma, ne m'abandonne pas ! Ne tarde plus, ma Mère, à apaiser la souffrance de mon cœur qui tremble, ne tarde plus, Mère de l'univers.

KAṆṆUNĪR TŌRĀTTA

kaṇṇunīr tōrātta rāvukaḷ etra pōyi
innum varān kanivillē dayānidhē
ōrō nimiṣavum ōrō yugāntyamāyi
tīmazha peytu peytettunnu śrīdharā

Combien de nuits ai-je passées, les yeux noyés de larmes ? O Toi qui es compatissant, n'auras-Tu pas la bonté de venir aujourd'hui ? O Krishna, Shridhara, chaque instant semble une éternité de pluie de feu.

koḷḷimīn vāḷiḷakkīṭum niśakaḷil
nin puṛappāṭenu kāṭṭu karaññu ñān
kūriruḷettikkum ōrō svarattilum
nin varavenna pratīkṣayil ñeṭṭi ñān

Les épées tournoyantes des éclairs me semblent révéler la présence des pages royaux qui Te précèdent, et toutes les nuits, je T'attends. Guettant le bruit de Tes pas à chaque craquement qui résonne dans les ténèbres, je veille.

kaṇṇā nirāmaya prēmārdra mānasā
nin mṛdu hāsamin ennu ñān kandiṭum
viṅgi viṅgikkeṇu kaṇṇīril muṅgumī
dāsiye kāttiṭān enniṅgu vanniṭum

O Kanna, Toi qui es libre de toute souffrance, Toi dont le cœur est attendri par l'amour, quand pourrai-je voir Ton doux sourire ? Quand viendras-Tu sauver cette servante qui pleure, sanglote et se noie dans les larmes ?

ninvazhi tārayil pullāyi muḷaikkuvān
maṇṭariyākān anugrahikkenne nī
alleṅkil nin bhakta dāsar pūśīṭunna
candanattin kaṇa mākkanē mādhava

Bénis-moi, afin que je renaisse sous la forme d'un brin d'herbe ou d'un grain de sable sur Ton chemin. Ou bien, Madhava Krishna, fais de moi une goutte de pâte de santal qu'appliquent les serviteurs de Tes dévots.

KĀṚALA MĀLA IRUNDUKŪṬI (RĀDHĒ ŚYĀM BŌLŌ)

rādhē śyām bōlō rādhē rādhē śyām (3x)
bōlō rādhē śyām bōlō rādhē śyām rādhē śyām

kāṛala māla irundukūṭi
mānasa vāniṭamāke mūṭi
kaṇṇan sadā varṣameghamāti
rādhā manōvāniyāke mūṭi

Une masse de nuages a entièrement recouvert le ciel de mon cœur. Kanna, transformé en nuages de pluie, a également voilé le ciel intérieur de Radha.

kaṇṇane kāttu karaññu rādha
kaṇṇunīr rāvukaḷ peytu ninnu
kaṇṇā nī eṅgupōyi eṅgupōyi
ennātma nāyakan eṅgupōyi

Radha pleurait en attendant Kanna. Les nuits n'étaient que torrents de larmes ! Kanna, où es-Tu parti ? Où s'en est allé le cœur de mon âme ?

vīndum taḷirttu pūttī vanaṅgaḷ
kāḷindi pāṭittuṭichiṭunnu
pūnilāvetti pūmtennaletti
nī mātramentē varāññu kaṇṇā?

Les forêts ont refleuri, la rivière Kalindi chante et danse, le clair de lune brille et la brise souffle, légère ; O Kanna, Toi seul ne viens pas, dis-moi pourquoi ?

madhumāsam pōyi śarattu pōyi
etra ṛitukkaḷ kozhiññu pōyi
pūkal kozhiññu maram kozhiññu
kaṇṇan kṛpayum kozhiññu pōyō?

Le mois de la douceur (l'été indien) est passé, puis l'automne. Combien de saisons se sont évanouies ? Fleurs et feuilles se sont envolées. La compassion de Kanna s'est-elle envolée, elle aussi ?

KARAYĀTE KARAYUNNA

karayāte karayunna vṛndāvanī ninte
karaḷinte nombaram āraṛiññu
uraceyyuvī rādhā varumiṅgu mādhavan
madhurayā gōpannu rasamāyiṭā

O Vrindavani, qui connais les souffrances de ton cœur, toi qui pleures sans verser de larmes ! Radha affirme que Madhavan reviendra. Le petit pâtre ne se plaîra pas à Mathoura.

uṇaru vṛndāvanī calanamattiṅgane
maravichu nī kiṭannīṭarute
eviṭe ninnullāsa bhaṅgikaḷ sarvatum
karutaṇē kaṇṇan mataṅgītumē

O Vrindavani, réveille-toi. Ne reste pas ainsi allongée comme paralysée, sans bouger. Où est donc ta beauté de fête ? Garde tous tes ornements, car Kanna reviendra c'est certain.

eviṭe nin pūnilā puñciri saurabam
coriyumā pūkkalum kuḷirttennalum
eviṭeyā kāḷindi tan kaḷanisvanam
eviṭeyā kiḷikaḷtan kaḷakūjanam?

Qu'est-il advenu de ton sourire, pareil au clair de lune ? Que sont devenues les fleurs et la brise au doux parfum ? Où sont le tendre murmure de la Kalindi et le gazouillis des oiseaux ?

vṛndāvanattine kutāṭe kaṇṇanu
sukhameṅgumalpavum kiṭṭukilla
gōpikaḷ gōkaḷum gōparum rādhayum
illāte mādhavan vāzhukilla

Loin de Vrindavan, Kanna ne trouvera jamais le bonheur. Madhavan ne pourra pas vivre sans les gopis, les gopas, les vaches et Radha.

madhurāpurikkoru madhurāvumillennu
madhuripu vekkam manassilākkum
karayumī rādhayē, vṛndāvanattine
kāṇuvān kaṇṇaniṅgettumallō

Celui qui a tué le démon Madhou se rendra bien vite compte qu'il n'y a aucune douceur dans la cité de Madhoura. Kanna reviendra voir Vrindavan et Radha qui ne cesse de pleurer ! (Jeu de mots, madhou signifie doux, sucré, en malayalam)

KĀṚOḶI CANDRAN

kāṛoḷi candran maṛañña śēṣam
kaṇṇan madhuraykku pōya śēṣam
śrī rādhā mōham kalarnnu māzhki
kaṇṇīril muṅgi ppaticchu maṇṇīl

La lune couleur de nuages disparue, Kanna une fois parti pour Mathoura, Sri Radha pleura amèrement, à cause de son attachement passionné pour Kanna. Baignée de larmes, elle s'est effondrée sur le sol.

kṛṣṇane cinticchu kṛṣṇa bhāvam
pūndorā rādha piṭaññeṇīttu
kātara bhāvatilaṅumiṅgum
nōkki nōkki kaṇṇīrozhukki

En pensant constamment à Krishna, elle-même est devenue Krishna ; elle s'est levée d'un bond, a regardé autour d'elle le visage chagriné et s'est remise à pleurer.

eṅgu pōyen priya tōzhi rādha
vayyī viraham sahicchīṭuvān
ñān vallavākkum kaṭuttu connō
mattoru gōpiye nōkkiyennō

« Où est donc mon amie Radha ? Cette séparation m'est intolérable. Lui ai-je dit une parole un peu dure? Ai-je regardé une autre gopi ? »

tōzhī viḷicchīṭū rādhikaye
rādhayillātilla kṛṣṇaneṅgum
kṛṣṇanum rādhayum vēṛēyāṇō
rādhayum kṛṣṇanum veriṭāmō

« Amie, appelle Radhika. Sans Radha, il n'y a pas de Krishna. Krishna et Radha sont-ils différents ? Radha et Krishna peuvent-ils être séparés ? »

kṛṣṇane cinticchu kṛṣṇa bhāvam
pūndorā rādha naṭannu nīṅgi
pinneyō bōdham teḷiññanēram
kṛṣṇa kṛṣṇēti kuzhaññu vīṇu

En songeant constamment à Krishna, Radha entra en Krishna bhava (identification à Krishna), dans ce bhava, elle se mit à marcher. Quand elle reprit conscience, elle tomba à terre en répétant « Krishna, Krishna ».

rādhē śyām śrī hari rādhē śyām
rādhē rādhē śrī hari rādhē rādhē

KARUṆĀMAYĪ DĒVĪ

karuṇāmayī dēvī kai tozhunnitā nin
kāruṇyāmṛitattinnāyi kai tozhunnitā
kazhaliṇa kūppunnōr agatikaḷ ñaṅgaḷil
kāruṇya mēkuvānāyi kai tozhunnitā - ammē

O Déesse pleine de compassion, nous Te saluons les mains jointes, nous Te saluons pour le nectar de Ta compassion. Nous nous prosternons à Tes pieds, pour que Ta compassion se répande sur nous.

ajñāna kūriruṭṭil peṭṭu pōyi ñaṅgaḷ
vijñāna dīpam kāttān kai tozhunnitā
ānanda rūpiṇi amṛtēśvari dēvī
kāruṇyāmṛitattinnāyi kai tozhunnitā

Nous sommes perdus dans les ténèbres absolues de l'ignorance. Nous Te saluons les mains jointes, O Déesse de béatitude, Amriteshwari, nous Te saluons pour la lumière de Ta connaissance.

kāmādikaḷḷām mālinyamakaluvān
kāruṇnya mūrtti tan adimalar vanaṅgunnē
snēha svarūpiṇi amṛitēśvari dēvi
kāruṇyāmṛitattinnāyi kai tozhunnitā

Nous nous prosternons à Tes pieds sacrés, O Déesse Amriteshwari, incarnation de la compassion, Toi qui es pleine d'amour, nous nous prosternons devant Toi pour être libérés de toutes les impuretés telles que la luxure et la colère. Nous Te saluons pour le nectar de Ta compassion.

karuṇāmayi prēmamayi
amṛtānandamayī kai tozhunnitā
kāruṇyāmṛitattinnāyi kai tozhunnitā

KARUṆĀMAYI NĪ KṚPĀMAYĪ NĪ

karuṇāmayi nī kṛpāmayī nī
vijñānamayī ānandamayī ammā
amṛtānandamayī jananī amṛtānandamayī

O Mère Amritanandamayi, Tu es l'incarnation de la compassion, de la grâce, de la connaissance et de la béatitude.

vighnavināśinī vināyaka jananī
divyamayī ammā vidyāmayī
buddhī pradāyinī vēda svarūpiṇī
bōdhamayī ammā satcinmayī ammā amṛtānandamayī

O Mère, Toi qui détruis les obstacles, Mère de Ganesh, incarnation du divin et de la connaissance suprême, O Mère, Toi qui accordes la sagesse, Tu es l'essence des Védas, conscience pure et absolue, existence et connaissance absolues.

pustaka dhāriṇi vīṇāpāṇī brahmasvarūpiṇī sarasvatī
dēvī mahā lakṣmī pārvatī śaṅkarī

ādī parā śaktī jagadambikē ammā...amṛtānandamayī...

O Sarasvati, Tu tiens d'une main le livre sacré (les Védas) et de l'autre la vina (luth indien), Tu es l'incarnation de l'Etre suprême.

brahmamayī ammā viṣṇūmayī
śaktīmayī śiva śaktīmayī
śrī kṛṣṇa bhāvamāyi parā śaktī bhāvamāyi
kāttaruḷēṇam jagadambikē ammā...
amṛitānandamayī....

Tu es Brahma, Vishnou, Shiva et Shakti, Tu manifestes les états divins d'identification à Sri Krishna et à Dévi, bénis-moi, O Mère de l'univers, Amritanandamayi.

KARUṆĀRDRAMĀNASAN

karuṇārdramānasan kadanārtti nāśakan
kamaniya vigrahan pōyi maṛaññu
karakāṇā kaṭalilī ezhakaḷ vīzhuvān
aparādhamentiṅgu ceytu śaure

Celui dont le cœur rayonne de compassion, Celui qui détruit le chagrin, Celui dont les traits nous enchantent est parti ! Qu'avons-nous donc fait, pauvres malheureuses que nous sommes, pour tomber ainsi dans cet océan (de désespoir) sans limites ?

oru nāḷum piriyilla praṇayakulekṣaṇan
eritīyil namme eṛiyukilla
sakalatum avanāyiṭṭaṭiyara vechallō
śaranāgatarkkavan tunayallayō

Celui dont le regard est si tendre ne nous quittera jamais. Jamais il ne nous jettera dans le feu brûlant (de la séparation). Ne nous sommes- nous pas entièrement abandonnées à Lui ? N'est-Il pas le compagnon de ceux qui s'en remettent à Lui ?

oru pōḷa kaṇṇatacchīṭilla mādhavan
karayātirikkilla nammēyorttu
muraliyil madhurāga madhutûkumā sakhan
kaṭhinanākānoṭṭum vazhiyumilla

Madhavan ne pourra trouver le sommeil. Nul doute qu'Il pleure en pensant à nous. N'est-Il pas notre ami, Lui qui jouait sur sa flûte une musique enchanteresse ? Il est peu probable qu'Il ait le cœur dur.

karuṇā nidhē rādha prāṇan dharippatō
tava darśanārtha maṇōrttiṭene
oru noṭṭamoru hāsam nalkaṇē atināyi
ttoru kōṭi janmaṅgaḷ tapamirikkam

O incarnation de la compassion, sache que Radha ne vit que pour obtenir Ta vision. Lance-moi un regard, accorde-moi un sourire. Pour cela, je suis prête à me livrer à des austérités pendant dix millions de vies.

KARUṆAYILLĒ AMMĒ

karuṇayillē ammē karunayillē
kanivin poruḷē kanivillē ammē...

O Mère, n'as-Tu aucune compassion ? O incarnation de la bonté, qu'est devenue Ta bonté ?

kālam munnōṭṭozhukunnu
khēdam tiṅgi perukunnu

A chaque seconde, le temps s'enfuit, et ma souffrance atteint son point culminant.

iniyum darśanam ēkān ammē
bhāvamillē ammē bhāvamillē

N'as-Tu pas la moindre intention de m'accorder enfin Ton darshan ?

cārattaṇayān vaikunnō
en kaṇṇāl ninne kāṇṇillē

Pourquoi tardes-Tu à venir près de moi ? Te verrai-je jamais de mes propres yeux ?

ennuṭe amma nīyallē
paital ivan [ivaḷ] nin makanallē [makaḷallē]

N'es-Tu pas ma véritable Mère, et ce tout-petit, n'est-il pas Ton enfant ?

KAṬṬITTAYIR TARĀM

kaṭṭittayir tarām kācchiya pāl tarām
kuṭṭanorummayum amma tarām
taṭṭi vīzhāte nī muṭṭukālāl tuzha
ññoṭṭenṭatuttu vā muttam tarām

Je vais Te donner du yaourt crémeux, du lait sucré et un tendre baiser. Viens vers moi en avançant sur les genoux, sans trébucher, et Ta Mère Te donnera encore un baiser.

poṭṭiyaraññāṇam mātti tarām-mañña
paṭṭunul kōṇakam keṭṭi tarām
kaṭṭi veṇṇa tarām puttanavil tarām
taṭṭam niṛaye pāl cōru tarām

Je vais Te donner une ceinture et un châle de soie neufs. J'ai du beurre, du riz soufflé, et toute une assiette de riz au lait.

ōmana paitalē oṭakkuzhal tarām
ōmana cundil tēn tēchu tarām
venmuttu mālakaḷ cārttittarā māṛil
kaṇmaṇi nīyente cāre varû

O mon enfant chéri, je vais Te donner une flûte, du miel, et plein de colliers de perles à Te mettre autour du cou. S'il Te plaît, viens vers moi.

atta mayil pīli mātti niṟukayil
mattoru ponpīli cārtti tarām
muṭṭattiḷaveyil muṭṭi viḷikkunnu
kattakkiṭāvē nī kaṇturakkū

Je n'oublierai pas Ta vieille plume de paon, et je la remplacerai par une neuve, toute dorée. O mon enfant, le soleil brille déjà, s'il Te plaît, ouvre les yeux.

kēṭṭalumōmanē vīṭṭinte kōlāyil
caṭṭattorūññāl ñān keṭṭi tarām
kuṭṭittam māṟiyāl muttatte tēnmāvil
kaṭṭāyam valyūññāliṭṭu tarām

S'il Te plaît, écoute, mon chéri, je vais installer pour Toi une balançoire neuve sur notre véranda. Quand Tu seras plus grand, j'en mettrai une grande sous le manguier dans la cour.

muṭṭanuññālenikkiṭṭu tarika - ñān
kuṭṭiyallottiri muṭṭanāyi
ēṭṭaninnum kochu kuṭṭiyāṇamme ñān
ēṭṭanekkāḷitā nīṭṭam vechu

O Maman, je ne suis plus un petit ; s'il Te plaît, installe la grande balançoire pour moi. Je suis grand maintenant. C'est mon grand frère qui est encore petit, regarde, je suis plus grand que lui.

kaṇṇā nī kaḷḷanāṇamma kandaṇṇente
pinnil nī pīṭhattil poṅgi nilppū
kaṇṇā teḷiyēnda pīṭham veṭiyukil
aṇṇante tōḷōḷam nīḷam varām

Oh Kanna ! Tu n'es qu'un petit menteur ! Je vois bien que Tu es sur un tabouret ; si on l'enlève, Tu n'arrives qu'à l'épaule de Ton frère !

KĀYĀMBŪVARṆṆA VARIKA

kāyāmbūvarṇṇā varika nī kaṇṇā
karaḷinu kavita nī kārvarnā - kaṇṇā

O Kanna (Krishna), Tu as le teint de la fleur de kayambou (une fleur d'un bleu profond). O Kanna, viens, Toi la mélodie de mon cœur.

rādhā mādhava rāsavilōlā rāgavilōla harē
muralī dhara manamōhana kṛṣṇā
munijana pāla harē
manamayil nin nava mukiloḷi tēṭi
mathi maṛannāṭunnu mada bhara kēḷi
mathi mukhi vadhu rādha mazhavillāyī
mukiloḷi maṇivarṇṇa nin kuḷir māṭil
rādhā mādhava....

Mon mental s'oublie, il cherche Ton teint couleur de nuages et danse en extase comme le paon. Ta compagne Radha, au visage beau comme la lune, brille semblable à l'arc-en-ciel quand elle repose sur Ta poitrine fraîche, O Krishna, mon joyau de couleur sombre.

madhumasa maṇarikaḷ viṭarna vṛdāvanam
madabhara muraḷī gāna vimōhanam
madhura nilāvarṇi maṭu malaraṇi kuñjam
tava naṭa nōtsava surabhila rangam
rādha mādhava....

Vrindavan foisonne de fleurs épanouies au printemps ; quel enchantement lorsque résonnent les mélodies extatiques de Ta flûte. Les plantes grimpantes pleines de nectar se mêlent à la lumière de la pleine lune pour former le décor de Ta danse festive.

mama manam oru pūjā maṭumalar kaṇṇā
tava pada taḷir cūṭi nirupama bhangī
mati varuvōḷavum mana mayilēṛi
vihāra murāri hṛdaya vihāri
rādha mādhava....

Mon cœur s'épanouit en une fleur digne d'être offerte en adoration ; elle tombe à Tes tendres pieds d'une beauté incomparable, O Kanna. Toi qui demeures en mon cœur, Murari (Krishna), fais que je puisse m'élever sur le paon de mon mental et me réjouir en Toi.

KĀYĀ PĪYA SUKH SE SŌYĀ

kāyā pīya sukh se sōyā
nā hakka jān na magavāyyā
kamala mukha
rāma bhajana kō diyā

Nous mangeons, buvons et dormons confortablement, mais nous ne chantons jamais le nom de Rama au visage de lotus.

jā mukha nīsādīna rāma nāma nahi
ō mukha katchu na kiyā
kamala mukha
rāma bhajana kō diyā

Il semble que nous n'ayons jamais le nom de Rama sur les lèvres. O lèvres, pourquoi ne chantez-vous pas la gloire de Rama au visage de lotus ?

laka chorāsi tere pira dhara
sundara tanu magavāyā
kamala mukha
rāma bhajana kō diyā

Nos yeux aveugles ne voient pas la forme magnifique du Seigneur et nous ne chantons pas les hymnes à la gloire de Rama au visage de lotus.

kaha ta kabīra suno bāyi sādhō
āya vaisā gayā
kamala mukha
rāma bhajana kō diyā

Nous allons et venons, mais nous ne chantons pas les hymnes à la gloire de Rama au visage de lotus. Kabir dit : « O frères saddhus, chantez les louanges de Rama au visage de lotus.»

KRISHNA GŌVINDA GŌPĀLA

kṛṣṇa gōvinda gōpāla
hari gōvinda gōvinda gopālā
śrī kṛṣṇa gōvinda
murali manōhara
gōkula nandana gōpāla

kṛṣṇa	Celui qui attire tous les êtres
gōvinda	Seigneur des vaches
gōpala	Pâtre
murali	Joueur de flûte
hari	Refuge des malheureux
manōhara	Qui captive les cœurs
gōkula	Le village de Krishna
nandana	Fils

dēvaki nandana gōpālā
dānava bhañjana gōpāla
śrī kṛṣṇa gōvinda
murali manōhara
gōkula nandana gōpālā

dēvaki nandana	Fils de Dévaki
danava bhañjana	Celui qui détruit les démons

nandakumāra gōpālā
navanīta cōra gōpālā
śrī kṛṣṇa gōvinda
murali manōhara
gōkula nandana gōpālā

nandakumara	Fils de Nanda
navanīta cōra	Voleur de beurre

gōkula nandana gōpi manōhara
gōvardhanōdhara gōpālā
gōkula nandana gōpālā
gōvardhanōdhara gōpālā

gōpi manōhara	Celui qui captive le cœur des gopis
gōvardhanōdhara	Celui qui soulève la montagne Govardhana

KṚṢṆA GŌVINDA

kṛṣṇa gōvinda gōvinda gōpālā
kṛṣṇa murali manōhara nanda lālā

kṛṣṇa	Celui qui attire tous les êtres
gōvinda	Seigneur des vaches
gōpala	Petit pâtre
murali	Joueur de flûte
manōhara	Enchanteur du mental
nandalala	Fils de Nanda

KṚṢṆA JINKA NĀM HE

kṛṣṇa jinka nāme hē
gōkula jinka dhāme hē
aise śrī bhagavāne kō
bāram bār praṇāme he

O Krishna, Toi qui vis à Gokoul, O Seigneur, je me prosterne devant Toi à l'infini.

yaśōda jinkī māyyā hē
nandaji bapayya hē
aise srī gopāle kō
bāram bār praṇāme hē

Yashoda est Ta mère, Nanda Ton père. Devant ce petit pâtre, je me prosterne à l'infini.

lūte lūte dadhi makhane khāyo
bāle bāle sang denu curāyo
aise līla dhāme kō
bāram bār praṇāme he

Tu dérobais le yaourt et le beurre avec les autres enfants, Tu nous as délivrés du démon Dénou, devant Toi, absorbé dans Ton jeu divin et éternel, je me prosterne à l'infini.

drūpada sutā kilācha bachāyo
grāhise gajiko bhanda cudāyo
aise śrī bhagavāne kō
bāram bār praṇāme hē

Tu as sauvé le fils de Droupada, Kilacha, Tu as séparé l'éléphant de l'alligator, devant Toi, Seigneur, je me prosterne à l'infini.

KṚṢṆA MANA MŌHANĀ

**kṛṣṇa kṛṣṇa mana mōhanā
citta cōra rādhā jīvanā
mēgha śyāma madhūsūdanā
rādhā kānta yadū nandanā**

O Krishna, Toi qui captives les pensées, Toi qui dérobes les cœurs, Toi la vie de Radha, Toi sombre comme les nuages, Tu as tué le démon Madhou, Bien-aimé de Radha, descendant des Yadous !

KṚṢṆĀ MUKUNDĀ

**kṛṣṇā mukundā mādhavā
madhusūdanā muralīdharā
manasija mōhana
sarasijānana śrī**

O Krishna, Toi qui accordes la libération, époux de la déesse Lakshmi, Toi qui as tué le démon Madhou, Tu tiens la flûte, Seigneur aux yeux de lotus, Ta beauté subjugue nos cœurs.

**nanda nandanā nanda sundarā
santatānanda tē namāmyaham
santatam sukritātma sundara
vandanam krama mukti dāyakā**

Enfant chéri de Nanda, essence du bonheur et de la beauté, O source de béatitude perpétuelle, je me prosterne devant Toi. O essence éternelle de la bonté, enfant à la divine beauté, je Te vénère, Toi qui accordes le salut éternel.

**nitānta ramyā sarōja nētra
nirāmaya gati tvam ēva dēva
nijān tavāmghri sarōjamāśrayam
kṛpāmṛtam kuru nirantaram hṛdi**

O Demeure de la béatitude éternelle, Toi qui as des yeux de lotus, O Seigneur que n'entache pas la moindre souillure, Tu es mon seul soutien ; je T'en prie, permets que Tes pieds de lotus soient ma seule demeure et répands sans cesse le nectar de Ta grâce dans mon cœur.

KṚṢṆAM VANDĒ

kṛṣṇam vandē jagatgurum
bōlō jai jai jai gōpī śrī kṛṣṇa

Je me prosterne devant Krishna, le gourou de l'univers entier. Chantons : « Victoire à Krishna, le Bien-aimé des gopis ».

dēvakī tanayam yaśōda bālam
rādhā vilōlam mānasa cōram

Le fils de Dévaki, l'enfant de Yashoda, Il est l'Enchanteur qui dérobe le cœur des dévots.

vēdānta sāram gītōpadēśam (3x)
pūrṇāvatāram kṛṣṇa gōpālam
sādhu samrakṣakam rādhē gōpālam

Le message de Krishna, la (Bhagavad) Gita, est la quintessence des Védas. Il est l'incarnation (avatar : celui qui descend sur terre) complète et parfaite qui protège les sages et les opprimés, Radha-Gopal.

LALITA LALITA ŚRĪ LALITA

lalita lalita śrī lalita
lalita lalita jagan mātā

viśva vimōhini śiva lalita
lalita lalita jagan mātā

vēda vilāsini śiva lalita
lalita lalita jagan mātā
mukti pradāyini śiva lalita
lalita lalita jagan mātā

lalita	Belle déesse
jagan mātā	Mère du monde
viśva vimōhini	Enchanteresse de l'univers
śiva lalita	Lalita, épouse du dieu Shiva
vēda vilāsini	Celle qui prend la forme des Védas
mukti pradāyini	Celle qui accorde la Libération

MAHĀKĀLI JAGADŌ DHĀRIṆI

mahākāli jagadō dhāriṇi
hē pralayaṅkari hē abhayankari
jāgō pralayaṅkari manamōhini

O Mahakali, c'est Toi qui soutiens l'univers entier et qui le détruis. Tu apportes le réconfort, Tu enchantes mon esprit, je T'en prie éveille-Toi et jette un regard sur la simple créature que je suis.

muktikēśive muṇḍamālinī
katakahastini dukhanivāriṇi
kāli kapālini trilōka pālini
jāgō pralayaṅkari manamōhini

O Toi qui accordes la libération, Tu portes un collier de crânes, Tu confères des faveurs ; Toi qui protèges les trois mondes, je T'en prie, éveille-Toi et jette un regard sur la simple créature que je suis. O Kali, Tu détruis le mal, Tu subjugues mes pensées.

brahma viṣṇu nārada pūjē
śaṅkara tava caraṇōm mē virāje
vāsana anāvṛta hē aparājita
jāgō pralayaṅkari manamōhini

Brahma, Vishnou et Narada Te vénèrent sans cesse. Shankara demeure éternellement à Tes pieds. Tu es à jamais victorieuse et les vasanas ne T'effleurent pas. Tu subjugues mes pensées. Je T'en prie, éveille-Toi et jette un regard sur la simple créature que je suis.

MAMA JANANĪ BHUVANĀ

mama jananī bhuvanāmaya śamanē
kamala dalāyata nayanē
tribhuvana mōhana vadanē mama hṛdi
maruvuka manasukha dhanamē

O Mère, Tu enchantes les trois mondes et Tes yeux évoquent la beauté d'un pétale de lotus. Tu dénoues les liens de toutes les créatures. Tu es la richesse inestimable qui réconforte l'esprit.

sudhanya sundara surabhila cintā
malaritalāl abhiṣēkam ceyyām
praṇava svarāmṛita gāna vilōlē
kanivin āmṛtārnavamē

Je T'offre cette adoration avec les pétales de mon esprit. Je Te les offre, incarnation de la bonté ambrosiaque, Toi qui vis dans l'extase d'une musique imprégnée du son OM.

madhu maya rūpiṇi mangala dāyiṇi
mana sukha dāna suśīlē
sahṛdaya hṛdaya sulālita caraṇē
maruvuka mama mana malaril

O Toi dont la forme est magnifique, Tu accordes ce qui est favorable, Tu te réjouis de nous accorder le don de la paix intérieure, Toi la déesse qui règnes dans le cœur de Tes dévots, je T'en prie, viens demeurer en mon esprit.

MANASSIL VARṆṆAPPOLI

manassil varṇṇappolimakaḷēttum
anaśvara gāyikayallō
mananam ceyyum manamatilennum
naṭanam ceyavavaḷallō

N'es-Tu pas le chanteur éternel qui offre des cadeaux bariolés à notre esprit ? N'es-Tu pas celui qui danse dans l'esprit absorbé en contemplation ?

vazhiyil kallukaḷ mullukaḷ nīkki
niratti veṭippu varutti
mizhiyil neyttiri dīpavumāyi nin
varavum kāttu vasippu

J'ai nettoyé le chemin de toutes les pierres et de toutes les épines pour le rendre doux et agréable. Maintenant je T'attends, et dans mes yeux brûlent avec éclat des lampes remplies de ghee (beurre clarifié).

nin virahāgniśaraṅgaḷorāyiram
uḷḷu tuḷaññu taṛaññu
sandhyā mlānata pōle manassil
aliññu viṣādamuṛaññu

Des milliers de flèches ont percé mon être intérieur et s'y sont figées, flèches de la souffrance d'être séparé de Toi. La douleur s'est concentrée dans mon esprit comme la lassitude du crépuscule.

cambaka sūnasugandha parāgam
tûvumilam tennal pōl
āgatamāvuka svāgatamōtu-
nāgama saundaryamē nī

Comme la douce brise qui répand le parfum du pollen de la fleur chambaka, O Beauté céleste, j'attends de Te souhaiter la bienvenue, Toi dont les Ecritures célèbrent la gloire.

eriññutāzhum tārakamāyi mizhi
kuzhaññu vīhum mumbē
karaḷinnita vazhi karinizhal tīṅgi
aṭaññu mūṭum mumbē

Ne permets pas que la lumière de mes yeux s'évanouisse et tombe comme une étoile filante. Ne bloque pas la porte étroite de mon esprit en la voilant de ténèbres.

ēkuka nin karuṇāmṛtarūpa
manōhara driśya muhûrttam
mēvuka hṛdi mazhamēgham māññoru
mānattambiḷi pōle ammē...ammē

Accorde-moi la vision glorieuse de Ta forme enchanteresse, rayonnante de compassion. Brille dans mon cœur comme la lune dans un ciel sans nuages.

MĀNAVA HṚDAYATTIN

mānava hṛdayattin māyā maṛa nīkki
teḷiyunna nānmarakkātalē
mānasamambayil marātirutti ñān
dhyāna nilīnam vasippū ammē...

O Mère, Tu es la lumière qui brille dans le cœur humain, quand le voile de maya est levé. Je T'en prie, permets-moi de concentrer mon esprit entièrement sur Toi et de rester absorbé(e) dans cette méditation.

nirvāṇa śānti tan nirvṛti āṇu nī
nirmala hṛdayattil amṛta svarūpiṇī
mānava jīvita pātayil neyttiri
nālam teḷippū nī nīḷe nīḷe (mānava...)

Tu es la source de la paix du nirvana, Tu reposes dans le cœur humain comme un doux nectar. Tu éclaires la voie de la destinée humaine.

vandichiṭunnōrum nindichiṭunnōrum
anyaralla ammaykkyaruma makkaḷ
ellārkkum ammayāyi, ellārilum tulya
bhāvattil tūkunnu snēhāmṛtam (mānava...)

Ceux qui Te saluent et ceux qui T'insultent sont tous Tes enfants chéris et Tu ne fais aucune différence entre eux. Mère de tous, Tu répands le nectar de l'amour également sur tous les êtres.

MAṆYŪKAL MŪTUM

maṇyūkal mūtum mānam mele
ī pampayitozhukum tīram tāzhe
ī kānanaṅgaliḷūṭe varunnu ninne kandītān
ñaṅgaṭe cundil ūri varunnu svāmiye ayyappō

La brume voile le ciel et couvre la vallée où coule la rivière Pampa. Nous traversons ces forêts pour Te voir et le nom « Svamiye Ayyappo » ne quitte pas nos lèvres.

svāmiye ayyappō ayyappō svāmiye!

Ayyappa, Tu es mon Seigneur !

dūrattōru mala tannil celottū vasikkunnā
svāmi ninnuṭe rūpam kānān
ñaṅgaḷ tēṭi varunnunde
ī ñaṅgaḷ tēṭi varunnunde

Swami, (Seigneur), Toi qui demeures, gracieux, au sommet d'une montagne lointaine, nous venons en quête de Toi.

āyiram dīpangal āyiram dīpangal
onnichu minnunnā puṇya sthalam
pampa ārinṭe tīrame puṇya sthalam

Des milliers de lampes ! Des milliers de lampes brillent toutes à la fois sur les rives sacrées de la rivière Pampa. Cette terre est en vérité sacrée, c'est une terre sainte.

svāmiye ayyappō ayyappō svāmiye!
pandala nandanane svāmiye ayyappō
van puli vāhanane svāmiye ayyappō!
nin savidham manayu vānāyi ñaṅgaḷ vārunnu
ñaṅgaṭe cundil ūri varunnu svāmiye ayyappō

Ayyappa, Tu es mon Seigneur ! O Prince de Pandala, Toi dont le véhicule est le grand léopard, nous avançons vers Ta demeure.

manyūkal mūtam mānam mēle....
svāmiye ayyappō ayyapō svāmiye
svāmi śaraṇam ayyappa śaraṇam

Seigneur Ayyappa ! Seigneur Ayyappa ! Tu es mon refuge et mon Seigneur !

MAYAṄGUNNA PAKALINNU

mayaṅgunna pakalinnu tanalēki nī ī
makaninnu mayaṅgunnor iṭamētammā
malarinnu niṛamēki maṇamēki nī ī
makanamma dukhattī kanalēkiyō ? (2x)

Tu as prêté refuge au jour qui s'endort. Amma, où ce fils peut-il dormir ? Tu as donné aux fleurs leur parfum et leur couleur. Pourquoi as-Tu donné les braises de la douleur à ce fils ?

ulakinnu mazhayēki veyilēki nī atil
maruvunna manujarkku madamēki nī
pakalōnu nirakānti katirēki nī mama
hṛdayattin avirāmamirulēkiyō... ammē

Tu as donné au monde le soleil et la pluie et à ceux qui vivent en ce monde, Tu as aussi donné les passions (qui rendent fou comme un éléphant en rut). Tu as pourvu le soleil de rayons lumineux. Pourquoi n'as-Tu mis dans mon cœur que des ténèbres ?

pavanante tanuvinnu taṇalēki nī ente
hṛdayattin azhalinte veyilēki nī
kazhaltārilabhayam nalku vatennahō mama
mizhimunnil teḷiyunna dinamennaho? ammē... (2x)
niramizhi teḷiyunna dinamennaho?

Tu as rendu le vent frais, mais mon cœur est devenu brûlant à force de traverser des difficultés sans fin. Quand m'accorderas-Tu refuge à Tes pieds bénis ? Et quand viendra-t-il enfin, le jour où je Te verrai, rayonnante, devant moi ?

MĒRĒ PRABHU TU MUJHKŌ

mērē prabhu tu mujhkō batā
tērē sivā mekyā karum
tērī śaran kō cōd kar
jag kī śaran kō kyā karum

O Seigneur, je T'en prie, dis-moi, que deviendrai-je sans Toi ? Qu'adviendra-t-il de moi si je prends refuge dans le monde au lieu de chercher refuge en Toi ?

candramā banke āp hi
tārōm me jag magā rahē
tērī camak kē sāmne
dīpak jalā kē kyā karum

Tu es la lumière qui brille dans la lune et scintille dans les étoiles. A quoi sert d'allumer la flamme (de l'arati) devant Ta splendeur éclatante ?

kaliyōm me basa rahē hō tum
phūlōm me hasa rahē hō tum
mērē tō man me vō base
mandir me jāke kyā karum

Tu es la vie qui bourgeonne dans les minuscules boutons, Tu souris dans les fleurs épanouies, Tu es dans mon cœur, (alors) que gagnerais-je en allant au temple ?

banke bramar āp hi
phūlōm me gun gunā rahē
sundar sangīt ke sāmne
kīrtan sunā ke kyā karum

Tu es l'abeille qui butine les fleurs. Les hymnes que je chante ne sont rien comparés à Ta musique divine.

bādal me banke indra dhanu
khuda hī jagat sajā rahē
candan apī hō hōlikā
tuch par cadā kē kyā karum

Sous la forme de l'arc-en-ciel au milieu des nuages, Tu embellis le monde. En quoi augmenterai-je Ta gloire si je T'applique de la pâte de santal sur le front ?

MILNĀ TUJHE MAI CĀHU

milnā tujhe mai cāhu
kaise mai tujhese milu
kōyī bhakta jenōmse pūchē
ammā kō kaise bhule

Je veux être avec Toi. Je T'en prie, dis-moi ce que je dois faire. Demande aux dévots s'ils oublieront jamais Amma.

śakti jo baneke baithi
bhaktōm ki ānkho mai
dilse yā drishtiyōm se
ammā bhūlengi kaise

Elle est la puissance qui donne la vue aux yeux des dévots. Peuvent-ils un seul instant détourner leurs yeux et leur esprit d'Amma ?

catake jo baneke baitte
ammā ki rāha dhekhe
sāgar ke jaise ammā
sabeko bhūlengi kaise

Les dévots attendent l'arrivée d'Amma comme l'oiseau chatak attend la pluie. (selon la légende, cet oiseau ne boit que les gouttes de pluie). Amma est l'océan de miséricorde. Amma n'oublie jamais personne.

suni madhuri bansi
bāvari baneke āyi
kahō kṛṣṇa kē hṛday ki
amṛtē bhūlengi kaise

Je suis venu ici attiré par la douce mélodie de la flûte. Qui peut résister au nectar divin de l'amour de Krishna ?

MUKUNDA MURĀRI GŌPĀLA

mukunda murāri gōpāla
gōpāla hari gōpāla
murahara giridhara gōpāla
naṭavara sundara gōpāla
gōpāla hari gōpāla

mukunda	Celui qui accorde la Libération
murari	Celui qui a tué le démon Moura
gōpala	Petit pâtre
hari	Celui qui délivre de la misère
murahara	Destructeur de Moura
giridhara	Celui qui a soulevé la montagne
naṭavara sundara	Magnifique danseur

MUNNAMORĀYIRAM

munnamorāyiram janma meṭuttu nī
mannitil dharma ratham teḷichu
nin svēta vastrāñcalattil piṭichu ñān
annokke ninne anugamichū

Tu T'es incarnée des milliers de fois en ce monde et c'est ainsi que Tu as conduit le char de la vertu. Tenant le bas de Ta robe blanche (comme un petit enfant), je T'ai suivie au cours de toutes ces incarnations.

koñci kuzhaññum kiṇungi karaññum
pinaṅgippiriññum karam grahichum
innum nin kālchuvattil
izhayunnilam kuruññāṇu ñān ammē

Babillages, bruits et fracas, querelles, séparations et retrouvailles, O Mère, je suis encore un petit bébé qui se traîne à Tes pieds.

snēhamṛduṣmala sārasallāpaṅgaḷ
cettassilānanda nirvṛtti dhārakaḷ
jñānārka bhāsal prabhātam teḷippû nin
tūmandahāsa prasannānanam hṛdi

Tes paroles tendres, pleines de chaleur et d'affection, plongent mon cœur dans une béatitude extatique. Ton visage souriant brille comme l'aurore de la connaissance dans mon cœur.

mātṛvātsalyattin mārdavalāḷanam
īṛan nilāvupoluḷḷam tazhukavē
āyiram neyttiri nāḷaṅgaḷāl ninne
ārādhanam ceyvû sādaram ñān sadā

Lorsque Ton affection maternelle embrasse mon cœur de sa douce étreinte, je Te vénère humblement en allumant des milliers de lampes qui brûlent, remplies de ghee (symbole de la dévotion).

tenūtumummayum snēha vātsalyavum
ōmal kiṭāṅgaḷkuṇarvu varṣīkke nin
kāruṇya pīyūṣa lōlanetrangaḷil
lōkam kuḷīrttu nilkunnu nirantaram

Lorsque Ton tendre baiser et Ton affection apportent l'éveil à Tes enfants chéris, on peut percevoir le monde de la béatitude dans Tes yeux rayonnants de compassion.

MURALĪ DHARA GŌPĀLA

muralī dhara gōpāla mukundā
muni jana mana haranā
vraja vadhuvōm kē hṛdaya cakōra
madhurā puri sadanā
u manda hāsa vadanā
natana manōhara kisalaya caraṇā

karuṇālaya varadā
murali dhara...

amara vanditā śyāma śarīrā
pītāmbara vasanā
adhara niyōjita murali manōhara
jagadabhirāma harē
murali dhara...

makara kundalā malayaja tilakā
mayūra mukuṭa dharā
manda manda hasitānana mōhana
nanda gōpa tanayā
murali dhara...

indīvara śyāma sundara nayanā
candra bimba vadanā
trilōka vandita pādāravindā
nirantaram vandē
murali dhara...

muralidhara	Celui qui tient la flûte
gōpala	Le petit pâtre
mukunda	Celui qui accorde la libération
munijana manaharana	Le conquérant du mental des êtres saints
vrajavadhuvom kē hṛdayacakōra	La perdrix du cœur des bergères
madhurapuri sadana	Celui dont la maison est dans la ville de Mathura
nandanandana	Le fils de Nanda
navanitacōra	Celui qui dérobe le beurre frais
mandahasavadana	Celui dont le visage est doux et souriant
natanamanōhara	Celui qui danse magnifiquement
kisalayacaraṇa	Celui dont les pieds ont la douceur des feuilles tendres

karunalaya varada	Celui qui est compatissant et accorde des faveurs.
amaravandita	Celui que vénèrent les immortels.
śyāmasarīra	Celui qui a le teint sombre
pitambaravasana	Celui qui est vêtu de jaune
adharaniyōgita	Celui qui nous charme,
muralimanōhara	la flûte aux lèvres.
jagadabhirama	Celui dont la forme enchante le monde.
harē	Celui qui tue ses ennemis.
makarakuṇḍala	Celui qui porte des boucles d'oreilles en forme de poisson.
malayaja tilaka	Celui qui porte de la pâte de santal.
mayura mukuṭa dhara	Celui qui porte des plumes de paon sur sa couronne
mandamanda	Celui dont le visage est toujours éclairé
hasitanana	d'un doux sourire
mōhana	Celui qui attire (tous les êtres)
nandagōpa tanaya	Le fils de Nanda, le berger
indivara śyāma	Celui dont les yeux ont la beauté du
sundara nayana	nénuphar
candra bimba vadanā	Celui dont le visage est semblable à la pleine lune
trilōka vanditā	Celui dont les trois mondes adorent les
pādaravindā	pieds de lotus.
nirantavam vandē	Sans cesse je me prosterne devant Lui

MURALI KṚṢṆĀ

murali kṛṣṇā mukunda kṛṣṇā
mōhana kṛṣṇā kṛṣṇā kṛṣṇā
gōpi kṛṣṇā gopāla kṛṣṇā
gōvardhana dhara kṛṣṇā kṛṣṇā

rādhā kṛṣṇā bāla kṛṣṇā
rāsa vilōlā kṛṣṇā kṛṣṇā
amṛta kṛṣṇā ānanda kṛṣṇā
śrī madhusūdana kṛṣṇā kṛṣṇā

O Krishna, petit joueur de flûte, Toi qui accordes la libération, O Krishna qui nous enchantes, Toi le Krishna des gopis, petit pâtre Krishna, Toi qui as soulevé le mont Govardhana, Toi le Krishna de Radha, le bébé Krishna, le danseur de la rasa lila, O Krishna immortel, Krishna de béatitude, O Krishna, Toi qui as tué le démon Madhou !

MURALĪ NINADAM KĀTIL

muralī ninadam kātil muzhangān
mazha mukiloli varnnam mizhiyil teḷiyān
karalin kadanakkanalukaḷ anayān
varumō kuvalaya nayanā... kṛṣṇā

Pour que nous entendions le son de la flûte et voyions clairement la couleur des nuages, pour que la souffrance qui nous brûle le cœur s'apaise, O Krishna aux yeux de lotus, viendras-Tu ?

kilukile naṭayum naṛu puñciriyum
karuṇāmṛta rasam ozhukum mizhiyum
karaḷil kaṇikandazhalāṛīṭān
varumō kuvalaya nayanā.. kṛṣṇā

Pour calmer la douleur de mon cœur en lui accordant la vision de Tes pas magnifiques, de Ton sourire et de Tes yeux pleins de compassion, O Krishna aux yeux de lotus, viendras-Tu ?

paramānanda kuḷirala ākum
kaḷa muralīrava svaralaya rāgam
ozhukiyozhukiyen hṛdayataṭākam
niṛayaṇamē kara kaviyaṇamē... kṛṣṇā

La musique mélodieuse qui émane de ta flûte créera des vagues de douce béatitude qui s'écouleront vers le lac de mon cœur pour le remplir jusqu'à ce qu'il déborde.

MURALIVĀLE BHAJĀVE

muralivāle bhajāve
murali rasake bhāri
jai muralidhar jai ghana śyām
jai manamōhan rādhe śyām
śyām śyām bōlō
śrī rādhe śyām bōlō

O Toi qui tiens la flûte, joue une belle mélodie. Gloire à Celui qui tient la flûte, Gloire à celui qui a le teint bleu comme le ciel, à Celui qui enchante l'esprit, Radha Krishna. Répète « Shyam, Shyam, », « Radhe Shyam »

brahma nāche śankar nāche
nāche suramuni sāre
sūrya candrama dharti nāche
nache nabh ke tāre
o murali sune nārad nāche
kāh gayi hari hari

Brahma danse, Shiva danse et tous les dieux et les sages dansent. Le soleil, la lune, la terre et les étoiles dansent aussi sur le rythme de la musique. Au son de la flûte, Narada danse et tous chantent « Hari, Hari »

murali sukar ban ki gāye
dhōdi dhōdi āye
jamuna ji ki chanchal lahare
tirak tirak harghāye

hari darśan ko vyākul gōpi
khōjal simat li

Au son de la flûte, ils sont tous accourus dans la forêt, même les vagues de la Yamouna se sont précipitées vers la rive. Les gopis, impatientes d'avoir le darshan de Krishna, sont entrées dans une profonde béatitude.

MUTTU MĀRI AMMA

muttu māri amma muttu māri
muttu māri amma muttu māri
devi unnai śaran adāindhom
nēṣa muttu māri

O Mère, Toi qui répands des perles, O Dévi, nous avons pris refuge en Toi, déesse aimante, affectueuse, qui répands des perles.

NĀLAÑCU NĀLEYKKU

nālañcu nāleykku tān jīvitam
nāmeṅgu pōkunnu hē mānavā
kandinnu kandiṅgu kānāteyāyi
kaṇṇinnu kaṇṇāyatāke maṇṇil
nīḷunna mōhaṅgal pālunnitā
kāḷunna melaṅgaḷ nāḷamitā
entiṅgu bandhaṅgal āru bandhu
māññu pōm mādaka svargga bhangi
śrī mātu pūmātu kāli mātu
kāttu nilkkunnitā svantamamma
ādi mātāvinte pūmaṭiyil
pāṭi mayaṅgitām pūmpaitalē

Cette vie ne dure que quatre ou cinq jours. O Homme, où vas-tu donc ? Tout ce que tu aimes en ce monde n'apparaît qu'un moment, pour ensuite disparaître. Tes désirs sont sans fin et tout te glisse entre les doigts. Contemple les flammes des cérémonies funéraires. Qu'est-ce qu'une relation en réalité et qui est relié ? Toutes les beautés célestes, enchanteresses, que tu vois, seront balayées ! Voici ta véritable Mère qui t'attend. O petit bébé, tu peux t'endormir sur les genoux de la Mère éternelle en écoutant la berceuse.

NAMĀMI KĀLIKE

namāmi kālike praṇāmi kālikē
namāmi kālike praṇāmi santatam
prasīda candikē pracanda candikē
prasīda kālikē praṇāmi santatam

Les mains jointes, je Te prie , O Kali, je me prosterne devant Toi, O Kali, je T'en prie répands Ta grâce sur moi, O Chandika, cruelle Chandika, répands Ta grâce sur moi, O Kalika, sans cesse je me prosterne devant Toi.

namōstu bhairavi raṇōgra bhairavi
namōstu pārvatī praṇāmi santatam
jayōstu maṅgaḷē samastā maṅgaḷē
jayōstu kālikē praṇāmi santatam

Je T'implore, O Bhairavi, impitoyable dans la lutte contre les démons, O Fille de la Montagne (Himalaya), je me prosterne devant Toi constamment. Gloire à Toi, Toi qui es propice, Toi l'éternelle, l'omniprésente, toujours favorable. Gloire à Toi, O Kali, sans cesse je me prosterne devant Toi.

NANDA GŌPAN

nanda gōpan tapamirunnu
sundara kaṇṇan
paṇtorikkal gōkulattil
vannan nāḷinna kaṇṇan janma nāḷinna

Les femmes de Gokoula disent :
« Nanda Gopan (le père adoptif de Krishna) s'est un jour livré à des austérités à Gokoula et ce jour-là est apparu le bel enfant Kannan (Krishna). »

ponnin kuṭangaḷil pāl karanna
annannu nalkaṇaṁ nammaḷinna
tālamuzhiyēṇaṁ mamkamārē (2 x)
ālōlaṁ pāṭaṇam ammamārē

« Recueillons du lait dans une cruche d'or et donnons-le à Kannan. Oh, femmes, faites l'arati (adoration) à Kannan et vous, mères, frappez dans vos mains et chantez ! »

kāḷindiyātil kuḷi kazhiñña
gōpimārelārum nōkki ninnu
āṭakal vāriyoḷiccu kaṇṇan (2x)
ōṭakkuzhalūti ninnu kaṇṇan

« Après avoir pris leur bain dans la rivière Kalindi, les gopis sont allées rechercher leurs vêtements, mais Kannan les avait pris pour les cacher. Il jouait de la flûte sur la rive, faisant mine de ne rien savoir. »

NANDAKUMĀRA GŌPĀLĀ

nandakumāra gōpālā -hari-
sundarabāla gōpālā

O Gopala, Fils de Nanda, O Gopala, beau petit garçon, enfant adorable.

naraharirūpa gōpālā
naṭanamanōhara gōpālā
natajanapāla gōpālā
navanitarasika gōpālā

O Gopala, Dieu sous forme humaine, O Gopala, charmant danseur, O Gopala, Toi qui protèges les humbles, O Gopala, Tu savoures le beurre frais.

karuṇapūrṇa gōpālā
kamaniya nētra gōpālā
kamsa niṣūdana gōpālā
vasatu sadā hrdi gōpālā

O Gopala, toujours plein de miséricorde, O Gopala,Ta forme est si attirante, O Gopala, Tu as tué Kamsa, puisses-Tu toujours demeurer en mon cœur.

patitōdhāra gōpālā
paramānanda gōpālā
pāvana caraṇā gōpālā
paripālaya mām gōpālā

O Gopala, Tu élèves la conscience de ceux qui sont déchus, O Gopala, Toi dont les pieds sont sacrés, O Gopala, protège-moi, prends-soin de moi.

NANDALĀL NANDALĀL

nandalāl nandalāl
nandalāl yadu nandalāl
nandalālā navanīta cōrā
rādhā pyāre nandalāl
māyi mīrā mānasa cōrā
hṛdaya vihārā nandalāl

O Fils de Nanda, né dans le clan des Yadous, O Fils de Nanda, O Petit voleur de beurre ! Bien-aimé de Radha, Tu as dérobé le cœur de Mira ; Fils de Nanda, Tu t'ébats dans notre cœur.

NANDA LĀLĀ NANDA LĀLĀ

nanda lālā nanda lālā
nandā kē lālā prabhu rādhā lōlā
gōpi lōlā gōpa bālā
citta līlā vilāsa lōlā
harē rāma harē rāma
rāma rāma harē harē
harē kṛṣṇa harē kṛṣṇa
kṛṣṇa kṛṣṇa harē harē

O Fils de Nanda, la joie de Radha est de se vouer au Seigneur. Toi dont le cœur est tendre envers les gopis. O petit pâtre, mon cœur se languit de voir les jeux divins de Krishna.

NANDALĀLĀ NAVANĪTA

nandalālā navanīta cōra
naṭavara lālā gōpālā
dēvakī vāsudēva kumāra
dēva dēva gōpālā
mōhana murali gāna vilōla
mōhana hari gōpālā

O Fils de Nanda, petit voleur de beurre, danseur et petit pâtre, fils de Dévaki et de Vasudéva, Dieu des dieux, petit pâtre qui joue de belles mélodies sur sa flûte enchanteresse, O petit pâtre enchanteur !

NANDĀ NANDANA HARI

nandā nandana hari
gōvinda gōpāla
ghana śyāma mana mōhanā
gōpi lōlā gōpālā
gōkula bālā gōpālā
hē nanda lālā gōpālā

O Hari, fils de Nanda, Govinda le petit pâtre, sombre comme le nuage, Tu charmes les cœurs ! Le petit pâtre dont le cœur est tendre envers les gopis, O petit pâtre de Gokoula, fils de Nanda !

NANDANA YADU NANDANA

nandana yadu nandana
ānandana citta candana
vandana guru vandana
śrī kṛṣṇa satcidānandana

harē rāma harē rāma
rāma rāma harē harē
harē kṛṣṇa harē kṛṣṇa
kṛṣṇa kṛṣṇa harē harē

O Descendant des Yadous, joies et parfum de santal pour l'esprit, mes respects au gourou, O Krishna, Etre-Conscience-Béatitude.

NĀRĀYAṆA NĀRĀYAṆA JAYA

nārāyaṇa nārāyaṇa jaya govinda harē
nārāyaṇa nārāyaṇa jaya
gōpāla harē

Victoire à Narayana, Seigneur des vaches, Hari ! Victoire à Narayana, au petit pâtre Hari !

NARTANA SUNDARA

nartana sundara natarāja
munijana vandita mahādeva
nartana sundara natarāja
hālā hāladhara
candra kalādhara
gangādhara hara
gauri manōhara
gangādhara gangādhara
hara hara gangādharā

O Roi des danseurs, (Shiva), magnifique danseur, grand dieu, loué par les hommes et les sages, O Toi qui retiens le poison dans Ta gorge, Tu portes le croissant de lune au front et le Gange dans les cheveux ; Toi le destructeur, Celui qui enchante l'esprit de Gauri, O Gangadhara Hara !

NATARĀJA NATARĀJA

natarāja natarāja
nartana sundara natarāja
śivarāja śivarāja
śiva kāmi prīya śivarāja
cidambarēśa natarāja
pārvati pate śivarāja

Nataraja, Seigneur de la danse, Tu Te tiens devant nous, Seigneur divin, Shivaraja, Roi éternel, O Danseur cosmique, danse la joie de la vie ! O chant de la création, Nataraja ! O Seigneur de Chidambaram, Seigneur de Parvati, Shivaraja !

NĀVINTE TUMBIL NIN

nāvinte tumbil nin nāmam tuṭikkumbōl
nerentannariyum ñaṅgaḷ divyamām
nerentannariyum ñaṅgaḷ

O Mère, quand Ton nom vibrera sans trève sur le bout de notre langue, alors le Réel, le Divin, nous sera révélé.

sukritarāyi tava caraṇa sevakar
ñaṅgaḷ innamme
amṛtānandamayī amme amṛtānandamayī

O Mère Amritanandamayi, aujourd'hui, c'est en servant Tes pieds que notre vie trouve son accomplissement.

ñaṅgaḷ mānasa nada turannu
ninnu ātma viśuddhiyōṭe
puṇya kīrtana māla cārtti
indriyangaḷ bhaktiyōṭe
snēha masrina lōlayāyi

lōka sāra pratīkamāyi
uḷḷil vānarulītuka ammē
amṛtānandamayī ammē amṛtānandamayī

O Mère Amritanandamayi, nous ouvrons le sanctuaire intérieur de notre cœur et T'attendons avec vigilance, le cœur pur. Nous avons orné le temple intérieur de guirlandes composées d'hymnes sacrés. Daigne maintenant venir demeurer dans le temple, Essence de l'univers, Amour tendre et délicat.

viśvam pāpa tamassil mungi
martyar svārtha hṛdayarāyi
vittameyta śarangalettu
satya dharmangal oṭungi
śakti ñaṅgaḷ keku nī
andhakāram akattuvān
mukti mārga veḷichamamme
amṛtānandamayī amme amṛtānandamayī

Le monde est plongé dans les ténèbres de l'iniquité (adharma), les gens sont devenus égoïstes, la Vérité et le dharma se sont effondrés sous les assauts des flèches tirées dans la poursuite incessante de la richesse matérielle. Je T'en prie, donne-moi la force de dissiper ces ténèbres, O Mère Amritanandamayi, rayon de lumière sur le chemin qui mène à la Libération.

NĪLAMĒGHAṄGAḶE

nīlamēghaṅgaḷe niṅgaḷkkiteṅgane
nēṭān kazhiññinnī nīlavarṇam
vṛndāvanattile nandakumārante
cantameṛum nīla śyāmavarṇam

O nuages bleus, d'où vous vient aujourd'hui ce teint, la couleur bleu sombre si charmante de l'enfant de Nanda à Vrindavan ?

niṇgaḷ pōyi kanduvō kaṇṇanāmuṇṇiye
taṅgaḷil mindiyō puñcirichō
nīlaravindatten netratāl niṅgaḷe
āpadacūḍam kaṭākṣichuvō

Avez-vous rencontré l'enfant Kanna (Krishna) ? Vous êtes-vous parlé, vous êtes-vous souri ? Ses yeux de lotus bleu, vous ont-il caressé(e)s d'un regard, vous enveloppant de la tête aux pieds ?

kaṇṇaninnen munnil ettumennōtiyō
enneyum svāgatam ceyyumennōtiyō
en manaśāntikkāyi niṅgaḷ tan kaikaḷil
nalmozhitten tellu tannayachō

Kannan vous a-t-Il dit quand Il allait apparaître devant moi ? Vous a-t-Il dit s'Il allait m'accueillir, moi aussi ? Vous a-t-Il confié quelques paroles de consolation pour apaiser mon cœur ?

NĪLĀÑJANA MIZHI

nīlāñjana mizhi nīrada varṇṇā
nīyē gatiyivanennum, kaṇṇā..
poyallaviṭunnallā taṭiyanu
illoru śaraṇam kṛṣṇā

Tu es à jamais mon seul refuge, Toi qui as le teint des nuages de pluie et les yeux bleus bordés de kohl. Certes, je ne mens pas en disant qu'il n'y nul autre que Toi pour me protéger.

bālakumāraka līlakaḷāṭum
śyāmala kōmala kṛṣṇā
nārada tumburu nāda kutūhala
mānasa mōhana kṛṣṇā

O Krishna sombre et magnifique, Toi qui joues comme un enfant, Tu dérobes les cœurs, et quand les sages célestes Narada et Toumbourou chantent, Tu ne résistes pas à leur appel.

kīrttana narttana ārttivināśana
sāśvata bhāsura kṛṣṇā
īṣalakannoru vīkṣaṇam ēkuka
sākṣi bhāvātmaka kṛṣṇā

Krishna, toujours rayonnant, Toi qui danses au son des chants dévotionnels et anéantis l'avidité, accorde-moi Ta vision claire, Toi qui adoptes l'attitude du témoin.

māyāmōhana mānavasevita
pādasarōjā kṛṣṇā
bhūtala vāsam akattuka bhagavān
mōkṣa pradāyaka kṛṣṇā

Enchanteur du monde de l'illusion, Toi dont les êtres humains servent les pieds de lotus, Toi qui accordes la Libération, je T'en prie, délivre-moi de cette existence dans le monde, O Seigneur Krishna !

NĪ MAṚAN JIRIPPATEṄGU

nī maṛañjirippateṅgu kālikē
sāndramāmī pāri lēkanāyi ñān

Où Te caches-Tu donc, Mère Kali ? Je suis seul sans Toi en ce monde rempli de Tes créatures.

nin viraha vēdanā jvālayil tapippu ñān
ha! poliññiṭunnitā āśa tan pon dīpavum
bhāvamillayō varān pāvamente cāravē
śōkam ēṛiṭunnamme ente hṛttil ākave

La douleur d'être séparé de Toi me consume. Hélas ! La flamme dorée de l'espoir elle-même s'éteint peu à peu. N'as-Tu pas la moindre intention de venir près de l'âme malheureuse que je suis ? Ton absence dans le sanctuaire de mon cœur me fait souffrir chaque jour un peu plus.

ōṭi vannaṇachiṭum amma kezhum kuññine
hanta! nī rasippatō en hṛdayam kezhavē
bhāvamillayō varān pāvamente cāravē
śōkam ēṛiṭunnamme ente hṛttil ākave

Une mère est censée accourir vers son bébé qui pleure pour le consoler. Mais Toi, restes-Tu simple spectatrice, savourant la pièce (de théâtre) tandis que mon cœur se tord de douleur ? N'as-Tu pas la moindre intention de venir près de l'âme malheureuse que je suis ? Ton absence dans le sanctuaire de mon cœur me fait souffrir chaque jour un peu plus.

rāga rōga pīḍayāl ēṛiṭum nirāśayāl
śakti hīnayāyi ñān vīzhvatinnu mumpeyāyi
bhāvamillayō varān pāvamente cāravē
śōkam ēṛiṭunnamme ente hṛttil ākave

Je T'en prie, viens avant que je ne m'effondre, affaibli(e) par les déceptions qui s'accumulent, fruits des efforts que j'ai fournis en pourchassant mes désirs. N'as-Tu pas la moindre intention de venir près de l'âme malheureuse que je suis ? Ton absence dans le sanctuaire de mon cœur me fait souffrir chaque jour un peu plus.

NIN TIRUPĀDATTIL VĪṆITĀ

nin tirupādattil vīṇitā pāpi
nontakam kezhunnu sādaram
bhītikaḷ pokkiyen mānasam dēva
mōdamanaykkuka daivamē

Ce pécheur est tombé à Tes pieds sacrés et pleure, le cœur douloureux. O Seigneur, daigne dans Ta bonté me délivrer de mes peurs et mettre la joie dans mon cœur.

praṇamichiṭunnu ñān daivamē pāda
tuṇayenikkekuka dēvanē
stūtiyum gītayum allā nī marttya
hṛdayaṅgaḷ nōkkunna nītimān

Je me prosterne devant Toi, O mon Dieu, Tu n'existes pas uniquement dans les hymnes et les chants, Tu es aussi le Législateur qui prend soin des cœurs humains.

kuzhiyil kiṭannu ñān etra nāḷ pāpi
ceḷiyil purandu pōyi etra nāḷ
anuvēlam nin tiru śōṇitam tannu
kanivōṭen ikkoru jīvitam

Je suis resté dans le fossé pendant si longtemps. Ce pécheur est resté tant d'années couvert de boue. Dans Sa bonté infinie, Manivelan, (le dieu Subrahmaniam) m'a donné une nouvelle vie.

balahīnayāṇu ñān ezhayil nitya
balavānu daya tōnnuvūzhiyil
iruḷīḷum ī lōka vazhvilum - tannu
kaniyeṇam tāvakānugraham

Je suis sans forces. Toi, le Tout-Puissant, sois miséricordieux envers cette créature impuissante. Dans ces ténèbres, dans cette vie terrestre, accorde-moi Ta bénédiction.

ōḷangaḷāl ente jīvita tōṇi
tāzhāte tāṅguka dēvanē
bhaktiyōṭe ninte rūpam smarikkuvān
śakti nalkīṭanē daivamē

Protège la barque de ma vie, afin que les vagues ne la submergent pas. Accorde-moi la force de me souvenir de Ta forme divine, O Seigneur !

NIṚA KĀNTI TIṄGI

niṛa kānti tiṅgi vazhiyum cāru
madhu mandahāsa vadanam
akatāril ennu teḷiyum, annu
bhava rōga śānti viriyum

O Mère, le jour où Ton visage radieux, paré d'un sourire de béatitude, brillera pleinement dans mon cœur, la maladie de l'attachement au monde commencera à faiblir en moi.

tirataḷḷiṭunnu vyathakaḷ - ātma
gati kandiṭāte aniśam
iruḷ āzhi āṇu hṛdayam... ninnil
teḷiunnatennu jananī

Sans cesse, des vagues d'illusion viennent battre les rives intérieures de mon mental, et la présence de la Réalité en moi demeure ignorée. Ce cœur est pareil à un océan de ténèbres. Quand verra-t-il Ta lumière, O Mère ?

śaraṇāgatarkku taṇalāyi - mevum
vara dāna lōla nayanē
karuṇardra netra munayen... hṛttil
patiyān amāntamarutē...

O Toi dont les yeux rayonnent de compassion, source de réconfort pour ceux qui prennent refuge en Toi, je prie pour que les flèches de compassion qui jaillissent de Tes yeux atteignent au plus vite la cible de mon cœur.

kandīṭukente kadanam... amba
kandīṭukātma mathanam
uḷḷam tiḷacha kanalil... tuḷḷi
veḷḷam taḷikku jananī

O Mère, je T'en prie, vois ma souffrance, cette torture intérieure que je m'inflige. Daigne répandre quelques gouttes apaisantes de compassion sur les braises ardentes de mon cœur.

prānan poriññu bhajanam
ceytu pāram talarnnu jananī
varalunnorente hṛdayam
bhakti rasa dhāra kondu tazhukū

Je me donne tout entier(e) quand je chante Tes hymnes, et maintenant, je suis fatigué(e). Je T'en prie, redonne vie à ce cœur desséché en y faisant couler librement le nectar de la dévotion.

aṛivonnīnālumaṛiyān - ārkkum
arutamba ninte mahimā.
aṛiyunna hṛttil amṛtāyi tiṅgi
maruvunnu lōka jananī

O Mère de l'univers, nul ne peut saisir Ta grandeur grâce au seul savoir intellectuel. Nectar, Tu jaillis dans le cœur qui ne connaît plus que Toi seule.

sampūrṇa puṇya dhanamē - ninne
nambunnu cittamanisam...
vembunnamṛtu nuṇayān hṛttil
anpārnudikka jananī

O Richesse divine, mes pensées sont constamment fixées sur Toi, et le cœur languit de savourer ce nectar. Daigne faire de ce cœur Ta demeure, O ma Mère.

NIRMALA SNĒHAMĒ

nirmala snēhamē ninne aṟiyātta
jīvitam entinammā
nitya nirāmayī ninne aṟiyātta
jīvitam entinammā

O Amour pur, à quoi sert cette vie, si on ne Te connaît pas ? O Mère toujours plongée dans la béatitude, à quoi sert cette vie, si on ne Te connaît pas ?

nistula snēhamē ninne aṟiyātta
jīvitam entinammā
mōhana rūpamē ninne ninaykkātta
jīvitam entinammā

O Amour incomparable, O Mère, à quoi sert cette vie, si on ne Te connaît pas ? O Mère si belle, à quoi sert cette vie dépourvue de sens, si je ne pense pas à Toi ?

mōkṣa sandāyinī ninne labhikkātta
jīvitam dhanyamāṇō
bhaktajana manōhāriṇī ninnuṭe
darśanam ēkukillē...

Dis-moi, Toi qui accordes la Libération, cette vie vaut-elle d'être vécue, si on ne T'atteint pas ? Toi qui détruis le mental des dévots, ne m'accorderas-Tu pas Ton darshan ?

NITYĀNANDA SATCITĀNANDA

nityānanda satcitānanda
hari hari hari ōm nārāyaṇā
nārāyaṇā hari nārāyaṇā
hari hari hari ōm nārāyaṇā
prēmasvarūpā prēānanda

hari hari hari ōm nārāyaṇā

nityananda	Béatitude éternelle
satcitānanda	Etre-Conscience-Béatitude
hari hari hari	Toi qui sauves les malheureux
ōm nārāyaṇa	OM Seigneur des eaux primordiales
prēmasvarûpa	Dont la nature est l'amour
prēmānanda	Béatitude de l'amour

NṚTTAMĀṬŪ KṚṢṆA

nṛttamāṭū kṛṣṇa naṭanamātū kaṇṇa
venna tarām gōpāla...mukunda
venna tarām gōpāla

O Krishna, viens danser ! O Kanna, viens jouer ! Nous allons Te donner du beurre. O Gopala ! O Mukunda !

nṛttam ñān eṅganē ātum sakhikale
dēham taḷarunnu nōvunnu kālukaḷ

Comment pourrais-je danser avec ma Bien-aimée ? J'ai le corps fatigué et les jambes douloureuses.

venna enīkkīha ādiyamāy nalkēnam
tannīṭuka venna vēgam sakhikalē

Il faut d'abord que vous me donniez du beurre ! O mes amies (les gopis), donnez-moi vite du beurre !

venna tinnēnaham kṣīnam ellām tīrnnu
pātū sakhikale nṛttam ñān vekkunnu
venna enīkkīha ādiyamāy nalkēnam
tannīṭuka venna vēgam sakhikalē

J'ai mangé le beurre et ma fatigue s'est envolée. Venez, mes amies (les gopis), chantez, et je vais danser! Il faut d'abord que vous me donniez du beurre ! O mes amies, donnez-moi vite du beurre !

ŌM GURU MĀTĀ

ōm guru mātā sad guru mātā
amṛtānandamayī mama jananī

OM, Mère, le gourou, le maître parfait, ma Mère Amritanandamayi.

jaya guru mātā śrī guru mātā
amṛtānandamayī mama jananī

Gloire à la Mère, au maître, au gourou toujours favorable, ma Mère Amritanandamayi.

jagad guru mātā param guru mātā
amṛtānandamayī mama jananī

O Mère, maître de l'univers, gourou suprême, ma Mère Amritanandamayi.

mama guru mātā divya guru mātā
amṛtānandamayī mama jananī

Mon gourou, ma Mère divine, Mère qui est le gourou, ma Mère Amritanandamayi.

ŌM KĀLI ŌM MĀTĀ

ōm kāli ōm mātā
durga tē namō namā
śakti kuṇḍalīnī jagad kē mātā

Om Kali, Om Mère, salutations à Dourga, à l'énergie de la koundalini, à la Mère du monde.

ŌMKĀRA DIVYA PORŪḶE 6

ōmkāra divya porūḷe varū
ōmana makkaḷe vēgam
ōmanayāyi valarnāmayangal nīkki
ōmkāra vastu āyi tīrū

Venez vite, mes enfants chéris, vous êtes l'essence du Om. Libérez-vous de toute souffrance et grandissez afin de devenir dignes d'adoration et de vous fondre dans la syllabe sacrée OM.

snēhattāl lōkam jayīkkū makkaḷ
jñānārkka tejassutīrkū
dhyānonmukham bhakti bhāvōjvalam snēha
sāndram hṛdantam pulartū

Mes enfants, par l'amour faites la conquête du monde, et gardez un cœur absorbé en méditation, brûlant de dévotion et rempli d'amour.

deśa samskāram vetinyāl pinne
seṣippatentānu nammiḷ
lōkattinītutta sandēśamekuvān
ī manninuntinnu mennum

Si nous rejetons l'héritage culturel de notre pays, que restera-t-il d'autre en nous ? Ce pays a toujours eu un message éternel à donner au monde.

ārōtum uḷḷinte uḷḷil makkaḷ
snēhādārangal pularttū
āreyum ullariñādarikunnavar
ādara vazhiykkum mannil

Mes enfants, gardez toujours vivants en vous l'amour et le respect de tous. Celui qui, du fond du cœur, respecte tous les êtres, mérite le respect en ce monde.

lōka samādhāna dautyam
janma sāphalyam ennōrtunarū
vyakti vairaṅgalum svārtha mōhaṅgalum
citta daurbalya mānorkkū

Mes enfants, répandre la paix dans le monde est l'accomplissement de la vie, gardez bien cela présent à l'esprit. Rappelez-vous que les rivalités personnelles et les désirs égoïstes indiquent la présence de faiblesses dans le mental.

ōlamattāzha katal pōl manam
ekānta śānta māyi tīrān
jīvitāsleshikal ākunna cintakal
ekikarīkkuken makkaḷ

Pour concentrer le mental et le rendre calme comme un océan sans vagues, mes enfants, toutes vos pensées doivent converger vers le Soi.

dāsōha bhāvam pulartū makkaḷ
svāsthyam manassinnunarttū
vākkil rasam vēṇam vēṇam dayārdratā
vēṇam svadharmāvabōdham

Mes enfants, cultivez l'attitude : « Je suis un serviteur ». Développez la fermeté intérieure. Que vos paroles soient agréables, que votre cœur fonde de compassion et restez conscients de votre devoir. (dharma).

kaivalya dhāmam teḷikkām amma
kai piṭichhennum nayīykkam
kaitavam vēnta samādhāna cittarāyi
ceyyūkakartavya karmam

Amma vous ouvre le chemin vers la libération, Elle vous tient la main pour vous conduire au but. Soyez intègres et assumez pleinement vos responsabilités, vous atteindrez ainsi la paix intérieure.

vyakti svātantryatte makkaḷ verum
tucha kāryārthamākkāte
martya lōkattin vimuktikkuṭātamām
kṛtyangalāl dhanyamākkū

Mes enfants, ne gaspillez pas votre liberté à courir après des choses insignifiantes. Enrichissez votre liberté par de nobles actions, ayant pour seul motif d'aider l'humanité entière à trouver la libération.

vidvēṣa buddhiyil makkaḷ svayam
niṣpati cīdā tirikkū
tyāga sannadharāyi svārtha vihīnarāyi
jīvitānandam pakarū

Mes enfants, ne vous laissez jamais aller à la rancune. Par le renoncement et le don de vous-mêmes, répandez la vraie joie.

uṇṇata yādhārdhya bōdham uḷḷil
uṇṇidra mākatte yennum
uḷḷatil nanmayum uṇṇatādarśavum
uḷḷavarkillalil eṅgum

Puisse la conscience de la Réalité suprême être toujours éveillée en vous. Ceux qui aspirent à la Vérité et à des idéaux élevés seront libérés de toute souffrance.

tulyarānammakku makkaḷ ennāl
tellum sahikkilla dharmam
kṛṣṇan sahichilla rāman sahichilla
ārum sahikilladharmam

Aux yeux de Mère, tous Ses enfants sont égaux. Mais Amma ne peut pas tolérer la moindre trace d'iniquité (adharma). Ni Krishna ni Rama n'ont toléré le mal. Personne ne s'en accommodera.

jātiyāl nīcarallārum nīca
karmattāl nīcarākunnū
ātma samskāram
telinyor savarnarān allel avar

Nul n'est méprisable parce qu'il naît dans une basse caste. C'est une conduite basse, sans noblesse, qui rend un être vil. Ceux qui raffinent leur cœur pour que la lumière y brille, ceux-là sont de haute caste. Les autres sont de basse caste.

āśrayikkunnavar kīsan hrittil
svāsraya bōdham teḷikkyum
āsrita vatsalan ārti vināśanan
kleśa karmaṅgal haniykkum

Dieu aide ceux qui se réfugient en Lui, à prendre conscience de leur autonomie. Il chérit ceux qui se réfugient en Lui, Il détruit la douleur, Il les libère de toute souffrance.

ceyyunna karmatinotta phalam
koyentavar nammalellām
ceyyāte ceyyunna karmaṅgal tan phalam
koyyāte koyyentatum nām

Nous récoltons ce que nous semons. Les actions que nous accomplissons sans réfléchir, de manière impulsive, ne manqueront pas de donner les résultats qui leur correspondent.

kāma karmaṅgal tyajiykkū makkaḷ
jñāna karmōlsukha rākū
vēda śāstratin velichetāl samsāra
śōkandhakāram akattū

Mes enfants, renoncez aux actions motivées par le désir. Cherchez à agir guidés par la connaissance (des Ecritures). A la lumière de l'enseignement des Védas, chassez les ténèbres de la souffrance engendrée par les attachements qui vous lient au monde.

munnil viḷikkunnu daivam māya
pinnil talakkunnu namme
māyā mayārnavam nīntikadakkuvān
māyanam dehātma bhāvam

Dieu nous appelle à Lui, maya (l'illusion) nous tire en arrière. Pour traverser à la nage le grand océan de maya, il faut perdre conscience du corps et du petit moi.

vidhramippikkyunnu māyā svantam
viśva rachana yilūte satya mallengīlum
satyamāyi tonnikkyum
rajjuvil sarpam kanakke

Maya nous désoriente en créant cet univers. L'irréel nous semble réel, comme la corde que nous prenons dans la pénombre pour un serpent.

māyakkarutāttatillā makkaḷ
māyā vipatil petolle māya kadīnarāyi
mazhkāthe mānasam
mōhavimuktamākkīdu

Mes enfants, il n'est rien d'impossible à maya. Ne soyez pas victimes de la calamité que l'on appelle maya. Ne tombez pas dans les pièges de l'illusion pour ensuite vous lamenter ; libérez-vous de ses griffes.

samsāra bījam naśichāl svayam
santāpa nāśam bhavikkyum
antarangattinna gādhatayil mulla
kumbum ahantayām bījam

Quand meurt la graine du samsara (le cycle des naissances et des morts), la graine de l'ego qui germe au plus profond du mental, alors la souffrance s'évanouit d'elle-même.

paurūsham nedinām namme
divya bhāvattile kuyar tenam
vyakti satvam paripūrṇamāyi daivattil
arppichu pūrṇarākēṇam

Ayant obtenu une naissance humaine, élevons-nous vers le Divin. Abandonnons totalement notre individualité à Dieu et atteignons ainsi la perfection.

veṣa vidhānattinallā
mano bhāvattinānu prādhānyam
ārbhāta bhaktiyum ārava pūravum
ātma lakṣyam telikkillā

L'état de nos vêtements importe peu, ce qui importe, c'est l'état du mental. Si notre dévotion est tournée vers la magnificence et l'ostentation, elle n'éclairera pas le chemin qui mène au but, au Soi.

ātanka harṣangal onnum
ātma dharma mallōrkkuvin makkaḷ
ārumuyarttu killātmāvine svayam
ātma varinyunar tenam

Mes enfants, les chagrins et les joies ne sont pas des attributs du Soi. Personne d'autre n'élèvera l'âme individuelle jusqu'au Soi ; c'est elle qui doit s'élever.

dehōham yennōrtirunnāl
bhōga jālatil āśa vardhikum
bhōgā śayil ninnum krōdham jvalichīdum
krodhāgni ulkām berikkum

Si vous vivez en pensant : « Je suis ce corps » alors le désir pour les myriades de plaisirs des sens ne fera qu'augmenter. Ces désirs vont engendrer la colère, dont les flammes brûleront les tendres pousses intérieures.

uḷḷam malarke turakkū makkaḷ
ulvilikēḷkkān śramikkū
tannullilāzhattil verunni nilkku mā
janma samskāra mazhikkū

Mes enfants, ouvrez tout grand votre cœur. Efforcez-vous d'entendre l'appel intérieur. Libérez-vous des conditionnements si profondément ancrés en vous, implantés dès la naissance.

ekamānīśvara premam
nānā devatā bhāvangal pōnam
varnōjvalā kāra bhāvangal okkeyum
eka sārattilākkeṇam

L'amour pour Dieu est centré en un seul point. Libérons-nous de l'idée qu'il existe différents dieux et déesses. Toutes les formes resplendissantes et colorées devraient se fondre dans l'Essentiel.

ārilum lōkaika nāthan snēha
tūmaram tam tūki nilpū
ānavum pōkukil āmaya nāśanan
āreyum vārippunarum

Le Seigneur suprême de l'univers répand sur tous le nectar de l'amour. Quand l'étroitesse de notre cœur s'évanouit, Celui qui détruit la souffrance nous élève à Lui pour nous étreindre.

canchalam nīngum tapassil śakti
sambhari cītuvin makkal
uḷḷile śaktiyil ulsāha cittarāyi
uddīpta mākkuvin lōkam

Mes enfants, gagnez en force grâce aux austérités qui éliminent les oscillations du mental. D'un cœur joyeux, illuminez le monde de votre force intérieure.

unnata sthānangal onnum namme
unnata rākkilla tōrkū
ātmāvinaunnatyam
ārān jariñjavar ātmāvilunnatam nedum

Rappelez-vous qu'aucune position supérieure en ce monde ne pourra nous aider à élever notre conscience. Celui qui cherche les sommets intérieurs et les découvre verra sa conscience s'élever.

śriṣtiyil dūṣya millottum kānum
drishtitan dūshya mānellām
driṣti dōsham kondu śriṣti dūshyam varum
driṣti mānyal śriṣti māyum

La création est parfaite. Tous les défauts sont dans l'œil de l'observateur. Une vision défectueuse entache la création. Si le regard se brouille, la création est voilée.

varnanā vaibhavam venam hṛttil
mangātanubhūti vēṇam
nānā viṣayatil vēṇam parijñānam
vēṇam prapañcāva bōdham

Mes enfants, il faudrait allier la compassion au pouvoir de l'expression. Acquérons la connaissance de sujets variés ainsi qu'une perception profonde de l'univers.

mantra svarūpam manassil
sadā mangāthe vartikkumenkil
mandī bhavikkilla mānasam
santāpa cintakal mañastamīkkum

Si la forme de notre divinité d'élection rayonne constamment en nous, nous ne faiblirons jamais et les pensées chagrines s'évanouiront.

mekhathāl mūdunna sūryan
vīndum sōbhichhu minnunna pōle

ajñāna ghōrāndha kāram poliyukil
hṛttil vīlangum svarūpam

Le soleil, voilé un temps par les nuages, en émerge pour briller de nouveau. Ainsi, lorsque les affreuses ténèbres de l'ignorance s'évanouiront, le Soi rayonnera en nous.

pinnōttu pōkilla kālam makkaḷ
munnōttati vechu pōkū
vankārya sādhyatte munnirtti
jīvitam munnōttu sukṣmam nayīkkū

Le temps ne revient jamais en arrière, mes enfants. Avancez pas à pas et menez votre vie avec vigilance, en gardant à l'esprit le but suprême.

dānavan vānavanākām vīndum
vānavan dānavanākām
vānava dānava mānava samskāram
mānava hṛttilundōrkkū

Un être démoniaque peut devenir divin et vice versa. Rappelez-vous que le cœur humain contient le bien et le mal, les caractéristiques des êtres humains, des dieux et des démons.

tatvārtha buddhiyil makkaḷ
sadā nisvārtha jīvitam nedū
vyakti bōdhatin nahanta
yattul kalam arppikka daivattil makkaḷ

Mes enfants, menez toujours une vie d'abnégation et aspirez aux nobles vérités. Maîtrisez votre nature égocentrique et abandonnez votre cœur à Dieu.

uḷḷam telīvuttu narnāl tante
uḷḷum puravum kulirkkum
audārya sīlavum anyōnya
maitriyum uḷḷinnura vāyītenam

Quand le cœur purifié s'éveille, la vie intérieure et extérieure n'est plus que joie. De la fontaine intérieure jaillissent alors la générosité et la fraternité.

tān tanikkenna vichāram nīngi
nām namukkenākum eppōl
svargam svayam tānīrangum dharītriye
kalpaka pūvādiyākkum

Quand la notion « Moi, pour moi » sera devenue « Nous, pour nous », alors le paradis descendra sur terre. Cette métamorphose, c'est la fleur de l'arbre-qui-exauce-les-désirs, c'est la satisfaction de tous les désirs.

mantra japā vartanattāl
citta vrittikalellām atangi
niṣhpanda mākukil
satyā vabodhattin
nistulānandam nirayum

Quand le mental s'immobilise et que toute activité mentale cesse grâce à la répétition du mantra, alors la béatitude sans pareille qui jaillit de l'expérience de la vérité nous remplit tout entier.

OMKĀRA DIVYA PORŪḶE 7

ōmkāra divya porūḷe varu
ōmana makkaḷe vēgam
ōmanayāyi valar nāmayaṅgal nīkki
ōmkāra vastuvāyi tiru

Venez vite, Mes enfants chéris, vous êtes l'essence divine du OM. Libérez-vous de toute souffrance et grandissez afin de devenir dignes d'adoration et de vous fondre dans la syllabe sacrée OM.

uḷḷilundānanda sāram uḷḷil
cellāykil illennu tonnum
ellilunnenna nam kaṇāykayālatum
illāte āvilla nūnam

L'essence de la béatitude est toujours présente au plus profond de nous, mais il est impossible d'en faire l'expérience sans entrer en ce lieu sacré. Bien que l'huile contenue dans la graine de sésame ne soit pas visible, qui pourrait nier la réalité de son existence ?

makkaḷkku nervazhi nalkān amma
vyagrathayōdadukkunnu
sikṣanam venam suniscitha lakṣyati
nakṣina yatnam pradhānam

Amma de tout Son cœur guide les enfants sur le bon chemin. Pour atteindre le but, les conseils, l'enseignement et des efforts inlassables, tout cela est important.

sammiśramāninnu hṛttil bahu
janmārjitam karma bījam
bhinna samskārangal tingiyadaññuḷḷi
lengum tirakkol uyartum

La graine du karma en chacun de nous est un mélange de vasanas (tendances) acquises au cours de nombreuses vies antérieures. La pression de toutes ces vasanas différentes crée forcément en nous des turbulences.

uḷḷile caitanya dhārā namme
nāmākki nirtunnu nityam
mānava dharmam marannātha ātmāvil
onnum aham buddhi tāne

Le flot divin, éternellement présent en nous, nous modèle, faisant de nous ce que nous sommes. Une fois que nous oublions la véritable nature d'un être humain, il ne reste plus que l'ego.

svāsattil sōham japippu vīndum
dēham tānennortirippu
ulvili kēḷkkān aṛiyāykayālanya
dharmam svadharma mennennum

Le mantra SOHAM (je suis Lui) résonne à chaque respiration et malgré tout, nous croyons être le corps. Ignorants, nous ne percevons pas ce mantra intérieur et faisons l'erreur de considérer nos propres actions comme le dharma divin.

kleśangalentum sahichum hṛttil
īśvara prēmam nirakkyu
kleśam cilappōl cilarkk ātmadhairyattin
ākkamekām makkaḷorkkū

Remplissons notre cœur d'amour divin, même si cela implique de traverser beaucoup de souffrance. Mes enfants, rappelez-vous que la souffrance, bien souvent, nous aide à prendre confiance en nous-même.

bhāvartha mulkkondu makkaḷ bhakti
gānāmritam nukarnnīdu
tatvam grahikyākil bhakti urakkilla
bhaktiyilel illa mukti

Savourez le nectar des chants divins en appréciant leur sens profond. Sans la connaissance de la vérité, il est impossible à bhakti (la dévotion) de s'enraciner en nous. Sans bhakti, mukti (la libération) est impossible.

nirvachikyāva tallārkkum neril
nirmala bhakti svarūpam
bhaktiyum muktiyum
randalla svātmāvil sraddha tangum bhakti yuktam

Personne ne peut définir précisément la nature de la pure dévotion. Bhakti et mukti ne sont pas deux entités séparées. Bhakti associée à la foi en notre âme, voilà ce qu'il nous faut.

bhōgasamskāram vedingu makkaḷ
tyāga samskāram valartu
lōka śāntikkyāyi svāyam
samarppichu nām snēha sandēśam parattu

Mes enfants, abandonnez tout désir pour les plaisirs des sens et cultivez le renoncement. Consacrez-vous à servir la cause de la paix dans le monde et répandez le message de l'amour.

lōlamāvenum manassu dhairyam
corāte sūkshi citeṇam
anya dukhangalil maññupōl mānasam
nannāyi aliñño zhukeṇam

Soyez doux et tendres, mais veillez aussi à ne pas perdre courage. En voyant la souffrance d'autrui, notre cœur devrait fondre comme neige au soleil.

uḷḷāl mahatvam grahichāl ārum
nallavar ānennu kāṇān
ulveḷichem vēṇam ellārilum tangum
divyata neril darśikkyān

Si nous reconnaissons la grandeur de notre véritable essence, nous ne verrons que le bien en chacun. C'est seulement à la lumière de notre propre divinité que nous pouvons percevoir la lumière divine présente en tous.

munnil undamma eppozhum pāta
nannāyi telikkyān nayikkyān
makkaḷ tīriññu nilkkumbozhānammaye
hṛttil darśikkyāta torku!

Amma ne cesse de guider Ses enfants en leur montrant le chemin, mais rappelez-vous que si les enfants Lui tournent le dos, ils ne pourront pas voir Amma dans leur cœur.

nintā stuthikalil onnum manam
tangātilakkam varāte
svastharāyi susthira
vastuvil nityavum cittatārarpikka makkaḷ

Mes enfants, ne vous laissez pas troubler par les éloges ou les insultes. Gardez votre calme intérieur et concentrez-vous uniquement sur l'Etre éternel.

nirmala snēhardra cittam namme
viśva jetākkalakkunnu
ādarśa saurabham mattum manasullor
ārogya pūrṇarāvunnu

Un cœur pur et plein d'amour est capable de conquérir le monde entier. Un esprit rempli du parfum de nobles pensées fait de nous des êtres forts et sains.

mōhana svapnangal mātram kondu
jīvitam neyyarutārum
pinpottu nōkkuvin tellida pinneyum
munpottu pōkuvin makkaḷ

Ne tissez pas votre vie uniquement de beaux rêves dorés. Mes enfants, prenez un moment pour faire le point avant de reprendre la route.

kūrtu mūrtastram kanakke lakṣyam
bhedichidum satva buddhi
satyam svayam hṛdi
vyaktamāvān karma śuddhi vēṇam jīvitattil

Tel une flèche acérée, l'intellect purifié atteint la cible et la transperce. Pour pouvoir faire l'expérience de la nature réelle du Soi, il faut que nos actions soient pures.

kāttatulayunna dīpam etu
nerathum tāne anayām
dehatil tangunnorāyussum vegatil
tāne poliññu poyidām

La flamme qui vacille sous le souffle du vent peut s'éteindre à tout moment. Ainsi, la vie qui anime le corps peut s'en aller à tout instant.

kālam kanakkattu namme mannil
vāzhikkayillennatōrtāl
vīndum janichum marichum mahattāya
marttya janmam tulakkyāmo?

Si nous sommes bien conscients du fait que le temps, infaillible, décide de la durée de notre vie sur cette planète, pouvons-nous nous permettre de gâcher cette noble vie humaine et de continuer le cycle des naissances et des morts ?

mānatte mārivil pōle māyum
mōhana saubhāgya jālam
jīvita sārārtha pāthayariññu nām
pōkukil janma sāphalyam

Notre vie sera plus riche si nous continuons sur la voie qui mène au véritable but de la vie. L'illusion du plaisir disparaîtra comme l'arc-en-ciel qui s'évanouit.

mānavaikyat tinde mantram makkaḷ
mārāte hṛttil smarikkû
lōkam samādari cīdunnu nammuṭe
jīvāvabōdha mahatvam

Mes enfants, gardez constamment dans votre cœur le mantra de l'unité de tous les êtres humains. La création entière respecte la grandeur de la conscience humaine.

kāpatya millātta neñjam śobha
terunna svarlōka tulyam
niṣkala bhāvarka cettassil tingunna
satyānubhūti ennennum

La splendeur d'un cœur pur et innocent est un paradis. L'expérience de la vérité demeure en permanence dans l'éclat du soleil de l'innocence.

vēṇam gurutvam manassil sadā
vēṇam guruvil viśvāsam
īśvaran munnil guruvāyi varum namu
kīśanil vāzhvanachidān

La grâce du gourou est essentielle. Ayez toujours foi en votre gourou. Dieu apparaîtra devant nous sous la forme du gourou pour recevoir l'offrande de notre vie.

sandeha millorutellum tulya
snēhame ammekkariyu
ādhyātma vidyayil
śraddhayullor snēham
ammāyilerayayi kānmū

Amma ne peut qu'aimer tous les êtres de manière égale, sans aucune préférence, cela ne fait pas l'ombre d'un doute. Mais seuls les chercheurs spirituels feront l'expérience de cet amour en abondance.

nūṛu nūṛāgrahakketil venu
nerunñu marthya hṛdantam
nediyatellām nirartha mennākilum
neduvānerinnu mōham

Le cœur humain pris dans les rets de centaines de désirs brûle de chagrin et de souffrance. Nous avons beau savoir parfaitement que tous les désirs satisfaits dans le passé ne nous ont pas apporté le bonheur, dans notre aveuglement, nous continuons à chercher le moyen de les satisfaire.

veṇal mazha pōle vēgam varum
pōkum sukha dukha bhāvam
randum tudarnnu nilkkilla varandinnum
mīte mānassurya tenam

Le plaisir et la douleur vont et viennent comme les averses printanières ; ils sont de courte durée. Elevons notre conscience, transcendons plaisir et douleur.

rōgāturam tanne cittam lakṣya
bōdham talirkkāthirunnāl
mayāprapañchatilarkkum aham buddhi
mārāttha vyādhiyā norkku

Le mental humain est frappé de maladie s'il ne vibre pas de pensées qui jaillissent d'une vie orientée vers un but spirituel. Rappelez-vous que le sens de l'ego est une maladie incurable qui plonge ses racines dans le monde illusoire.

ennum ñān nin kālkkalallo svanta
bandhuvum nī mātramallo
innu nī yenne vediññā lulakil
pinnennum ñān ālambahīnan

« Je suis toujours à Tes pieds de lotus, je n'ai personne d'autre que Toi, si aujourd'hui Tu m'abandonnes, je serai à jamais orphelin(e). »

yennīvīdham manōbhāvam sadā
tingum manassiludīkkyum
ammayum kāṇum prapañca caitanyavum
bhinna mallannenna bōdham

Si l'esprit est rempli de telles pensées (cf. strophe précédente), la conscience de notre unité avec Mère, l'essence divine de l'univers, brillera en nous.

tannil ninnanyamāyi tonnum lōkam
tan manōbhāva pratīkam
ñānennum nīyennum uḷḷa bhedam bhuvi
māyā vimōha mennorkku

C'est uniquement à cause de nos projections mentales que le monde nous semble séparé de nous. Rappelez-vous que l'impression de la différence entre « toi » et « moi » n'est dû qu'à maya.

mandāra puṣpa samānam hṛttil
mangala cinta vidarthi
cāru saundaryavum pūvamṛtam pāri
lāke ozhukkuken makkaḷ

Que les nobles pensées s'épanouissent comme des fleurs dans le mental. Mes enfants, que le nectar et la beauté de ces fleurs se répandent librement dans le monde.

cintakaḷkkellām orantyam svantam
antarangattil nām kānkil
ellām orātmāvennullā lariññu nām
tallāte uḷkkollumellām

Quand nous prenons conscience que tout est l'Un, toutes les pensées cessent.

ārādhana manōbhāvam vēṇam
ācarikkunnattil ellām
ārava pūravum arbhāda bhaktiyum
ātma lakṣyatte marakkyam

Tout ce que nous faisons, accomplissons-le comme une adoration. Les festivités et les réjouissances produites par une dévotion extravertie ne feront que voiler le but de la réalisation du Soi.

kūttāyi pravartikka makkaḷl lōka
kūttāyi mayil viśvasikku
kūttāya soddeśa karmangalāl viśva
mottāke aiśvaryam muttam

Travaillez comme une équipe unie, mes enfants. Ayez foi en l'esprit d'unité du monde. De nobles actions accomplies ensemble apporteront rapidement au monde la prospérité.

onnānu nammaḷ ennothum marttyar
pinneyum bhinnichu mārum
ekata yātma svabhāva mānalātte
deha svabhāvamallorkku

Nous disons que nous sommes unis, mais les gens vivent divisés et agissent sans cohésion. Rappelez-vous que l'unité est la nature inhérente de l'âme, mais non celle des corps physiques.

bhaktiyum śraddhayum vēṇam yukti
bhadrata yetilum vēṇam
hṛttil nirantaram bhakti yurakkyukil
mukti pinnentinnu vere

La foi et la dévotion sont nécessaires. Celui dont le cœur est habité par une dévotion constante a-t-il besoin de la libération ?

lōkam pazhikkyām chīlappōl namme
neru darśikkyāthirikkyām
kālam telikkyum kṣamikka
nam nanmakaḷ tālōlichullil valarttu

Le monde nous semble parfois aller bien mal. Nous ne voyons peut-être pas la vérité. Mais soyez patients, des temps meilleurs viendront. Nourrissez votre esprit de bonnes pensées.

teṭunnu svātantryam engum marttyan
vīzhunnu vīndum vipathil
svātantryam ātmāvilānenna torāte
jīvitam ārāsvadikkum?

L'être humain cherche la libération mais il retombe sans cesse dans le chagrin et la souffrance. Qui peut profiter de la vie sans reconnaître que la vraie liberté se trouve au plus profond de l'âme ?

saccharitangal sravikku hṛittil
sadvichārangal nirakku
satya dharmattil carikkyu nirantaram
sachil svarūpam smarikku

Ecoutez de belles et nobles histoires ; remplissez votre esprit de pensées lumineuses. Pratiquez l'honnêteté et le dharma. Méditez sans cesse sur une forme divine.

lōka śāntikkyāyi nammaḷ ennum
jīvichu pōnnavarallo
lōkā samasta sukhīnō bhavantu
vennā mantra morkuken makkaḷ

Nous avons vécu de nombreuses années en consacrant notre vie à la paix dans le monde. Mes enfants, rappelez-vous le mantra : « Lokah samastah sukhino bhavantu » (Puissent tous les êtres de l'univers être heureux).

ŌMKĀR GURU MĀ ŌMKĀR

ōmkār guru mā ōmkār
ōmkār guru mā ōmkār
ōmkār guru mā ōmkār...

La syllabe OM est la Mère, le gourou bien-aimé,
et la Mère, le gourou bien-aimé est l'essence du OM.

ŌM NAMŌ BHAGAVATE VĀSUDĒVĀYA

ōm namō bhagavate vāsudēvāya
ōm namō bhagavate vāsudēvāya
ōm nama śivāya
ōm namō nārāyaṇāya

Om ! Salutations au Seigneur en qui tout existe. Je salue Celui qui est favorable (Shiva). Je salue le Seigneur qui repose sur les eaux primordiales (Vishnou) !

ŌM ŚRĪ MĀTĀ JAGANMĀTĀ

ōm śrī mātā jaganmātā
vandē mātā jaganmātā

O Mère, Mère de l'univers, Toi qui as la forme de la syllabe sacrée OM, je T'implore, O Mère de l'univers, je T'en prie sauve-moi.

līla vigraha dhāriṇī
lalanā rūpa vihāriṇī
jayatu sadā bhavatāriṇī
lasatu sadā hṛdi hāriṇī

C'est pour Toi un jeu divin d'apparaître sous une forme humaine. Tu joues sous une forme gracieuse. Puisses-Tu être toujours victorieuse, Toi qui nous fais traverser l'océan de l'existence en ce monde. O Toi qui es pure et favorable, Tu captives mon cœur.

śūla kapāla vinōdinī
śaradamalendu suhāsinī
śritajana mānasa hamsinī
śamaya vyadhām bhava bhañjinī

Tu joues en brandissant un trident et un crâne. Ton sourire est aussi apaisant que la douce lumière de la lune immaculée. Tu es le cygne dans le lac Manasa des êtres qui prennent refuge en Toi. Je T'en prie, guéris-nous de la souffrance, O Dévi, Toi qui peux briser le cycle des naissances et des morts.

anupama karuṇā śālini
akhila janāmaya śūlini
subhada sukhāmṛta mālini
kalayatu mē hṛdi pāvani

Ta bonté est sans pareille. Armée de Ton trident, Tu réduis à néant les tourments de ceux qui prennent refuge en Toi. Tu répands le nectar bienfaisant de la béatitude. O Toi qui es pure, daigne demeurer dans mon cœur à jamais.

ORU NĀḶUM PIRIYĀTTO

oru nāḷum piriyātto - rōrmayumāyi
tirayāttiṭam viraḷam ammē
ulakīrezhil umayāḷe tēṭi ñān
alayāttidam viraḷam pala janmam
alayāttiṭam viraḷam

O Mère, rares sont les lieux où je ne T'ai pas cherchée, sans nulle autre pensée que Toi. Il existe peu de mondes que je n'ai pas parcourus au cours de mes nombreuses vies, à la recherche d'Ouma (l'épouse de Shiva, la Mère de l'univers).

vilakeṭṭa jīvitamāyi tīrnnuvō -ente
vijaya pratīkṣa tan piṭi viṭṭuvō
pakaliravorupōle paravaśanāyi ñān
pādayātra ceyunnitā lakṣya
veḷiviṅgal tala cāykkuvān
ammē, ammē, ammē, ammē

Cette vie-ci aura-t-elle été aussi vécue en vain ? Ai-je perdu toute chance d'obtenir la victoire finale ? Je continue néanmoins ce voyage, malgré ma frustration ; je ne m'accorderai aucune trêve, ni le jour ni la nuit, avant d'avoir le but en vue ; je pourrai alors enfin me reposer.

phaṇamuyarttunnuvō pinneyum durmadam
gati nirōdhikkayō durvidhi pinneyum
varanduṇaṅgumen hṛdaya vanikayil
amṛta mazha coriyū... ammē...
akatāril kuḷirēku nī
ammē, ammē, ammē, ammē

Mes tendances négatives relèvent-elles une fois encore la tête, tel le cobra qui déploie son capuchon ? Le destin défavorable bloque-t-il encore une fois mon chemin ? Je T'en prie, répands le nectar de Ta grâce sur la rivière asséchée de mon cœur, daigne faire couler de nouveau ce flot rafraîchissant.

PĀṆḌURANGA VIṬHALĀ

pāṇḍuranga viṭhalā hari hari viṭhalā
nārāyaṇa viṭhalā hari hari viṭhalā
rādhē śyāma viṭhalā hari hari viṭhalā
nandalālā viṭhalā hari hari viṭhalā

paṇḍuranga	De couleur blanche
viṭhalā	Seigneur Vishnou
hari	Sauveur des affligés
nārāyaṇa	Seigneur des eaux primordiales
rādhē śyāma	Radha et Krishna
nandalala	Fils de Nanda

PARAVAŚAMĀṆEN HṚDAYAM

paravaśamāṇen hṛdayam jananī
bahuvidha cintākulamāyi
arutarutiniyum viḷamba marute
agatiye akatār karutān.... ī
agatiye akatār karutān

O Mère, de nombreuses pensées viennent distraire mon mental et le plongent dans la détresse. Ne tarde plus à prêter attention au malheureux que je suis !

alakaṭal naṭuvil agādhatayil
aśaraṇan ñān en aṛiyū!
aśrulaya mizhikaḷ kāśrayamaruḷān
viśruta nayanē varumō? (3x)

Sache que je suis en train de me noyer, impuissant, dans les profondeurs de l'océan ! O Mère dont l'histoire est célèbre, ne viendras-Tu pas apporter le réconfort à ces yeux en pleurs ?

bahuvidha (niravadhi) durita tirakaḷuyarnen
hṛdayam nibaddhitammallō [prachalitamallō]
piṭayukayāṇī agni samudrē
maṛukara kāṇāt iniyum... nin
padamalar kāṇātiniyum

Sans cesse, des vagues infortunées déferlent sur mon mental et le plongent dans la confusion. Dans cet océan de feu, je me tords de douleur sans pouvoir atteindre le rivage, ni voir Tes pieds de lotus.

PARAYŪ SAKHI MAMA

parayū sakhi mama hṛdayādhināyakan
karimukiloli varṇṇaneṅgu pōyi?
hṛdayam takarunnu nayanam

nanayunnu
vazhikānātatitetti vīnitunnu

Chère amie, dis-moi, où est-Il donc allé, le Seigneur de mon cœur, Celui au teint sombre ? Mon cœur se brise, j'ai les yeux mouillés de larmes et je tombe, incapable de voir le chemin.

piṭayunna jīvane tatayānum vayyahō
parayū sakhi kaṇṇaneviṭeyāmō
kṣana nēram vayyini piriyānen nāthane
karaḷ nīri nīriyente antyamāyi

Hélas ! Impuissante, je sens la force de vie en moi se tordre de douleur ! Chère amie, dis-moi, où est Krishna ? Oh, je ne peux plus supporter d'être séparée de mon Seigneur. Cette flamme qui me brûle le cœur me fera mourir.

oru tettum ceyyāttorī rādhayiṅgane
karayu vānitayāyatentu tozhi kaṇṇā
ā krūran kondupōyi madhuraykku kaṇṇane
akrūranennoru peru nalki

Mon amie, pourquoi le destin de Radha est-il de pleurer ainsi, elle qui n'a commis aucune faute ? Qui donc a baptisé Akrouran (Non-cruel) l'homme cruel (krouran) qui a emmené Kanna à Mathoura ?

kaṇṇan pirannorā madhurāpuriykkahō
śāpam kotukuvān vaya tōzhī kaṇṇa
kaṇṇante bhaktanāna krūranum sakhī
ellāmī rādha tan kāla dōṣam

Mon amie, je ne peux maudire la cité sainte de Mathoura, où Kanna est né ! Et cet homme, Akroura, est aussi un dévot de Kanna ; amie, tout est dû à la mauvaise période que traverse Radha.

karayalle priyasakhi ñān maricchītukil
parayane nī pōyi kaṇṇanōtu
"karunānidhe ninte priyadāsi rādhika
virahattī pitipeṭṭu ventu pōyi!"

Chère amie, ne pleure pas ! Si je meurs, vas voir Kanna et dis Lui : « O Seigneur de compassion, Radha, Ta servante bien-aimée, s'est consumée dans le feu de la séparation. »

oru vidham taṅgippitichenne śyāmante
arikilettikumō vallapātum
śakti ente maranattil karayano vidhinin
iniyente kaṇṇane kāṇumō ñān

En me soutenant, peux-tu me conduire près de Kanna au teint sombre ? Chère compagne, ton destin est-il de pleurer ma mort ? Reverrai-je jamais mon Kanna ?

vṛndāvana lōla rādha priyankara
nin rādha prāṇanvetinnitate
en cita bhasmattilittiri nī ninte
netiyil puśumō prēmamurtte

O Joyau de Vrindavan, Bien-aimé de Radha ! Que Ta Radha quitte son corps ! O Amour incarné, appliqueras-Tu sur Ton front les cendres de ma crémation ?

PĀVANA GANGĒ TĀYĒ

pāvana gangē tāyē pāpa nāśinī nī
ardhanārīśante śirassil vasiykkum
pīyūṣagāyikē

O Gange sacré, Mère, Tu détruis les péchés. Tu demeures dans le chignon emmêlé de Shiva, le dieu dont Parvati constitue la moitié gauche ; le son de Ta voix est de l'ambroisie, O divine chanteuse.

gangē śaṅkarajaṭā vāsinī
gangē himālayavāsini
māyā vimōcini kaluṣa vināśinī
śiva hṛnmōhini jagadambikē
mōha vināśinī pāpa vimōcini
vidyādāyinī mātā gangē

O Gange, Tu demeures dans le chignon de Shiva, dans les montagnes de l'Himalaya, O Mère universelle, Tu nous guéris de l'illusion cosmique et détruis les péchés, Tu es la Bien-aimée de Shiva.

vēdasvarūpiṇī gangē
ānandarūpiṇi gangē
jai bhayahāriṇī jai bhavatārinī
duṣcintāhāriṇī jagadambikē
mōhavināśinī...

O Gange, incarnation des Védas, incarnation de la béatitude, gloire à Toi qui anéantis la peur, gloire à cette Mère qui nous aide à traverser l'océan de la transmigration ; Tu détruis les mauvaises pensées, O Mère universelle.

bhāgīrathī śivamanōharī
bhāgīrathī kṛpā sāgarī
sarvajanēśvarī dēvī śaṅkarī,
dēvī bhagavatī jagadambikē
mōhavināśini...

O Bhagirathi (fille de Bhagiratha). Bien-aimée de Shiva, océan de grâce, O Mère universelle, Dévi Bhagavati, Tu règnes sur le genre humain, Tu es la déesse toujours bienfaisante.

PRABHŌ GAṆAPATĒ

prabhō gaṇapatē paripūraṇa vāzh varuḷ vāyē
śārntu vaṇaṅki stuti pāṭiyāṭi untan
sannidhi śaraṇa mataintōmē
śānta citta saubhāgyam yāvayum
tantaruḷ sadguru nīyē

O Seigneur Ganapati, Tu rends notre vie parfaite. En dansant et en chantant nous allons tout offrir à Tes pieds. O Satgourou, Tu nous accordes la Paix intérieure et tout ce qui est propice.

ādi mûla gaṇanātha gajānana
atbhuta dhvaḷa svarūpā
dēva dēva jaya vijaya vināyaka
cinmaya paraśivadīpā

ādi mûla	La cause primordiale
Gaṇanatha	Le chef de l'armée de Shiva
Gajānana	Au visage d'éléphant
atbhuta dhavala svarūpa	Celui qui a une magnifique forme blanche
dēvadēva	Le Seigneur de tous les dieux
jayavijaya	Victorieux
vināyaka	Celui qui détruit tous les obstacles
cinmaya	La vérité suprême
paraśivadīpā	La Lumière suprêmement favorable

tēṭi tēṭi eṅkō ōṭukinrār - unnai
tēṭi kandu koḷḷalāmē
kōṭi kōṭi madayānaikaḷ paṇiceyyum
kunṛena viḷaṅkum pemmānē

Les gens courent partout en quête de Toi mais ils ne peuvent Te trouver qu'en allant à l'intérieur. Toi que servent dix millions d'éléphants robustes, innombrables sont Tes talents.

jñāna vairāgya vicāra sāra svara
rāgalaya naṭanapādā
nāma bhajana guṇa kīrttana vividha
nāyaka jaya jagannāthā

Tu es l'essence de la connaissance, du détachement et de la contemplation. Tu danses au rythme des mélodies. Victoire au Seigneur de l'univers ! La grande variété des mantras, des chants et des hymnes de louanges, tout cela est à Ta gloire !

pārvati bāla apāra parāpara
parama bhāgavata bhavatāraṇa
bhaktajana sumukha praṇava vināyaka
pāvana parimaḷa caraṇā

pārvatibala	Le fils de la déesse Parvati
apāra parāpara	Transcendant
paramabhāgavata	Le plus ardent de tous les dévots
bhavatārana	Le passeur qui nous fait traverser l'océan de la transmigration
bhaktajanasamukha	Celui qui donne le bonheur aux dévots
prāṇava	Omkara
vināyaka	Celui qui détruit les obstacles
pāvana	Celui qui purifie
parimaḷacaraṇā	Celui dont les pieds répandent un doux parfum.

PRABHUJI TUM CHANDAN

prabhuji tum chandan ham pāni
jāke ang ang mās samāye
prabhuji tum chandan ham pāni

O Seigneur, Tu es le bois de santal et je suis de l'eau. Lorsque nous sommes réunis, il règne un parfum divin.

prabhuji tum ghan ban ham mōra
jaise chitvat chandra chakōra
prabhuji tum khanban ham mōra

O Seigneur, Tu es l'épais nuage de pluie et je suis le paon dans la jungle (qui attend la pluie pour boire). Tu es l'éclat de la pleine lune et je suis l'oiseau Chakora (qui se nourrit des rayons de la lune).

prabhuji tum dīpak ham bāti
jāki jōt bharai din rāti
prabhuji tum dīpak ham bāti

O Seigneur, Tu es la lampe et je suis une mèche dont la flamme brillera jour et nuit.

prabhuji tum mōti ham dhāgā
jese sōlah milite suhāgā
prabhuji tum mōti ham dhāgā

O Seigneur, Tu es la perle et moi le fil, ensemble, nous formerons un rosaire magnifique.

prabhuji tum svāmi ham dāsā
aisi bhakti karai rō dāsā
prabhuji tum svāmi ham dāsā

O Seigneur, Tu es mon maître. Le poète Raidas veut Te servir, il veut être Ton serviteur dévoué.

RĀDHĒ GŌVINDA BHAJŌ

rādhē gōvinda bhajō
rādhē gōvinda
rādhā ramaṇa hari
rādhē gōvinda

rādhē rādhē rādhē rādhē
rādhē gōvinda

rādhē	Bien-aimée de Krishna
gōvinda	Seigneur des vaches
bhajō	Adoration.
ramaṇa	Celui qui est beau.
hari	Celui qui soulage la détresse.

RĀDHĒ RĀDHĒ RĀDHĒ ŚYĀM

rādhē rādhē rādhē śyām
rādhā mādhava śyām
prēma śyām sundara śyām
rādhē rādhē rādhē śyām

gōpī mōhana kṛṣṇa
śyām rādhē kṛṣṇa
gōkula vāsi kuñjavihāri
rādha mādhava kṛṣṇa

kṛṣṇa kṛṣṇa rādhākṛṣṇa
muralī mōhana kṛṣṇa (4x)

gōvardhana giridhāri
vṛndāvana sañcāri
nanda kumārā navanīta cōrā
manasija mōhana kṛṣṇa
kṛṣṇa kṛṣṇa rādkṛṣṇa (4x)

gōkula vāsi	Celui qui vit à Gokoula
gōpimōhan	Celui qui enchante les gopis
gōvardhanagiridhari	Celui qui a soulevé la montagne Govardhana
kuñjavihari	Celui qui s'ébat dans les bosquets
manasija mōhana	Celui qui subjugue notre cœur

prēma	Celui qui est plein d'amour
sundar	Celui qui est beau
śyām	Celui qui a le teint sombre
vṛndāvanasañcāri	Celui qui se promène dans les rues de Vrindavan

RĀDHĒ RĀDHĒ ŚYĀMA

rādhē rādhē śyāma rādhē
rādhē rādhē śyām
rādhē śyām rādhē śyām
rādhē śyām rādhē śyām
rādhē rādhē rādhē rādhē

rādhē	Bien-aimée de Krishna
śyām	Celui qui a le teint sombre (Krishna)

RĀDHIKĀ MANŌHARĀ

rādhikā manōharā
madana gōpālā
dīnavatsalā hē bālagōpālā
bhaktajana mandāra vēṇugōpālā
muralidhara hē gānavilōlā

harē rāma harē rāma rāma rāma harē
harē kṛṣṇa harē kṛṣṇa kṛṣṇa kṛṣṇa harē harē

madhurāpuri sadanā hē vēṇugōpālā
manamōhana madhusūdana vijayagōpālā
vēṇugōpālā gānavilōlā
gānavilōlā venugōpālā
śaranāgata paripālaka vēṇugōpālā

rādhika manōhara	Celui qui captive les pensées de Radha
madana	Dieu de l'amour
dīnavalsala	Celui qui est miséricordieux envers les affligés.
bāla	Enfant
bhakta jana	Dévots
mandara	Ciel
vēṇu	Flûte
muralidhara	Celui qui porte la flûte
ganavilōla	Qui se balance sur la mélodie
madhurāpur	La ville de Mathoura
sadanā	Celui qui demeure
manamōhana	Celui qui captive l'esprit
madhusūdana	Celui qui a tué le démon Madhou
saranāgata	Celui qui a pris refuge
paripālaka	Celui qui protège

RAGHUPATI RĀGHAVA

raghupati rāghava rājā rām
patita pāvana sītā rām (2x)
īśvara allāh tere nām
saba kō san mati de bhagavān (2x)
sītā rām sītā rām
baj tu pyāre sītā rām (2x)

hē bhagavān he bhagavān
saba kō san mati de bhagavān (2x)
śrī rām jai rām jai jai rām
śrī rām jai rām jai jai rām

raghupati	Seigneur des Raghous
rāghava	Descendant des Raghous
rāja rām	Roi Rama
patita pāvana	Sauveur de ceux qui ont déchu

īsvara allah tērē nām	Ton nom est Ishwara et Allah
baju tu pyāre sīta rām	Répétez : « Sita Ram »
hē bhagavan	O Seigneur
saba kō san mati de bhagavan	Donne à chacun un cœur plein de bonté.
śri ram jai ram jai jai ram	Gloire à Sri Ram

RĀMA BŌLŌ RĀMA BŌLŌ

rāma bōlō rāma bōlō
rāma bōlō rām
śrī rāma bōlō rāma bōlō
rāma bōlō ram
śrī rām śrī rām
raghupati rāghava rām
śrī rām śrī rām jānaki jīvana rām
śrī rām śrī rām patita pāvana rām

Chante : « Rama ! », le seigneur des Raghous, Raghava, Rama, Sri Rama, la vie de Sita, Sri Rama, qui purifie de tout péché.

RĀMA PUJĀRI PĀDA VUPAKĀRI

rāma pujāri pāda vupakāri
mahāvīra bajaranga bali

O grand guerrier Hanouman, Tu demeures aux pieds de Rama, en adoration constante.

sat dharmachāri
sat brahmachāri
mahāvīra bajaranga bali

Tu es un pur brahmachari, Ta vie est fondée sur le dharma.

jana guṇa sāgara rūpa vujāgara
mahāvira bajaranga bali

Tu es un océan de sagesse et de belles qualités, Toi dont la forme est magnifique.

śaṅkara suvana
saṅkata mōcana
mahāvira

Tu es une incarnation de Shiva qui nous épargne les chagrins et les calamités.

kēsari nandana
kali mala bañjana
mahavīra

O Fils de Késari, Tu détruis les maux du Kali Youga

rāghava dhūta jaya hanumanta
mahāvīra

Victoire à Hanouman, l'envoyé de Rama.

añjani nandana
asura nikandana
mahāvīra

Tu es le fils d'Anjani, Celui qui détruit les démons.

maṅgala mūrti māruti nandana mahāvīra

Ta forme est de bon augure, O Fils du vent.

jaya bala bhīma jaya bala dhāma mahāvīra

Victoire à Celui dont la force est gigantesque, Toi qui es la demeure même de la force.

sīta rām sīta rām
sīta rām jai sīta rām

RĀMA RĀGHAVA

rāma rāghava
jaya sītā vallabhā

Victoire à Rama, membre du clan des Raghous, Bien-aimé de Sita !

RĀMA RAHIMA KŌ

rāma rahima kō bhajane vālē
tērē pujāri kṛṣṇa
tērē nām ēk sahāra
tumhi hō gīta tumhi ramāyana
tumhi hō vēda purān
tērē nām ēk sahāra

O Seigneur Rama, Tu es miséricordieux, nous chantons Tes louanges. Nombreux sont Tes noms, mais Tu es Un. Tu es le Seigneur de la Gita, du Ramayana, des Védas et des Pouranas.

ŚAKTI DĒ BHAKTI DĒ

śakti dē bhakti dē durga mātā
śakti dē bhakti dē durga mātā

O Mère Dourga, je T'en prie, accorde-moi la puissance spirituelle (shakti), accorde-moi la pure dévotion (bhakti).

darśan ki āsha hē
man mērā pyāsā hē
āj mērī ittnīsi
bātt māniyē

Mon cœur languit, il a soif de Ton darshan. Daigne entendre ma supplique, je n'en demande pas plus aujourd'hui.

cārōn ōr andhēra hē
māyā mēm gēra hē
jñān kā diyā man mēn
jalā dījīyē

Je ne vois partout que les ténèbres, maya règne tout autour de moi. Je T'en prie, daigne allumer en moi la lampe de la connaissance.

dukhōm kā sāgar hē
pāpom ka sāgar hē
mērī tutti naiyyā kō
pār kījiye

Devant moi s'étend l'océan de la souffrance liée au monde, la mer insondable des péchés. Aie la bonté d'aider ma barque délabrée à gagner l'autre rive.

ŚAMBŌ MAHĀDĒVA

śambō mahādēva candra cūda
śaṅkara sāmba sadā śiva
gangādhara hara kailāśa nātha
pāhimām pārvati ramana

O dieu bienveillant, grand dieu qui portes la lune sur le front, Tu accordes tout ce qui est favorable, Toi qui es bienveillant, Tu portes le Gange dans Ta chevelure emmêlée, Toi le destructeur, Seigneur du Mont Kailash, O protège-moi, magnifique Seigneur de Parvati.

ŚAMBHŌ ŚANKARA

śambhō śaṇkara śambhō śaṇkara
śambhō śaṇkara śiva śambhō
śambhō śaṇkara śambhō śaṇkara
śambhō śaṇkara śiva śambhō
indu kalā dhara ganga jaṭā dharā
śambhō śaṇkara gaurīśā
pannaga bhūṣaṇa parimaḷa gātrā
pāvana caraṇā paramēśvarā

O Shambo ! O Shankara, Seigneur de Gauri (Dévi), Toi qui portes le croissant de lune et le Gange dans Ta chevelure, Tu portes des serpents en guise de bijoux, Ton corps est odorant et Tes pieds sacrés, Tu es le Seigneur suprême…

ādi dēva dīna janēśa sāmba sadāśiva varada harē
dēvamuni jana sēvita caraṇā śūla pāṇi durita harē

Dieu primordial, Seigneur des démunis, éternellement uni à la Mère divine (Dévi), Tu es toujours bienfaisant, Tu accordes des faveurs, Tu dérobes l'ego, Toi dont les pieds sont vénérés également par les dieux, les sages et les êtres humains, Tu tiens le trident et détruis la souffrance…

parvata nandini priya vadana dēvā
mama tāpa hāra tava śaraṇam
karuṇālaya jaya kailāsa vāsā
śaraṇāgata tava pada śaraṇam

Seigneur dont le visage est cher à la fille de la montagne (Dévi), Tu me dérobes ma souffrance, Tu es mon refuge ; Victoire à la demeure de la miséricorde ! Toi qui résides au Mont Kailash, je suis venu prendre refuge en Toi. Tes pieds sont le port qui m'abrite.

ŚAMBHŌ ŚAṄKARA UMĀPATĒ

śambhō śaṇkara umāpatē
pāhi śaṅkara paśupatē
nandi vāhana nāgabhūṣanā cāndraśēkharā jadādharā
gangādhāra śiva gauri manōharā pāhi śaṇkāra sadāśiva

O Shiva, Seigneur de Parvati, protège-nous. Seigneur de toutes les créatures, Ta monture est le taureau Nandi, Tu es paré de serpents. Tu portes la lune et Ta chevelure est emmêlée. De Ta tête jaillit le Gange. O Shiva, Tu subjugues l'esprit de Gauri (Parvati), protège-nous, Toi qui es toujours bienfaisant.

kailāsa vāsa kanaka sabhēśa sundarēśvara viśvēśā
smaśāna vāsā digambarēśā nīlakantā mahādēvā

Ta demeure est le Mont Kailash et dans le palais doré, Tu exécutes la danse cosmique. Ta forme est enchanteresse, Seigneur de l'univers. Tu résides dans les lieux de crémation et les quatre points cardinaux forment Ton manteau, Tu es le dieu suprême, Seigneur à la gorge bleue.

triśūladhāra jyōti prakāśa vibhūti sundara paramēśā
nadanamanōharā damarukanādā pārvati ramana sadāśiva

Tu portes le trident, dieu rayonnant de lumière, Tu es magnifique, le corps couvert de cendres. Tu es le dieu suprême, magnifique quand Il danse en jouant du tambour (damarou). Tu es vénéré par Parvati et Tu es toujours bienfaisant.

ŚAṄKARA ŚIVA ŚAṄKARA

śaṅkara śiva śaṅkara
śiva śaṅkara rūpa mahēśvara
śiva śaṅkara śankara śaṅkara
ōmkāra prīya śiva śaṅkara
kailāsa prīya śiva śaṅkara
natajana prīya śiva śaṅkara
śaṅkara rūpa mahēśvara

O Shiva, de bon augure, Toi qui accordes tout ce qui est bon, incarnation du grand dieu Shankara, nous T'adorons, Toi qui Te manifestes sous la forme du son primordial. Nous T'adorons, Toi qui résides sur les cimes du Mont Kailash. Nous T'adorons, Seigneur Shiva, danseur cosmique et source de tout ce qui est bon.

ŚANKARĪ ŚĀMBHAVĪ

śankarī sāmbhavī
śivaṅkarī abhayankarī
śrī karī kṛpā mayī
mahēśvarī manōharī
pāhi pāhi mahēśī ambē
durgē śivē pāhimām

O Toi qui es favorable, épouse de Shiva, Tu accordes ce qui est bienfaisant et Tu libères de la peur, Tu apportes la prospérité, O grande déesse, Tu subjugues la pensée, O Mère divine, protège-moi, protège-moi, O Dourga, épouse de Shiva, protège-moi !

ŚĀNTAMĀYI OZHUKAṬṬE

śāntamāyi ozhukaṭṭe jīvitam - mauna
śāndra samudrattil cēruvān...
sāmōdamozhukaṭṭe jīvitam...
satcidānanda sindhuvil cēruvān...

Puisse la rivière de la vie couler sereinement pour rejoindre la mer de l'épais silence. Puisse la vie couler joyeusement pour atteindre l'océan de l'Existence-Conscience-Béatitude.

kaṭal jalam mukilāyi mukil jalam mazhayāyi
mazha jalam nadiyāyi ozhukīṭunnaniśam;
irutīram tazhukunnû... kadal tēṭi ozhukunnû...
pariṇāma pūrttikuḷḷanudhāvanam...
anudhāvanam.. anudhāvanam.. anudhāvanam...

Les eaux de la mer forment les nuages, les nuages donnent la pluie, la pluie devient rivière et coule éternellement. Elle coule, caressant les deux rives, à la recherche de la mer, elle parcourt le cycle entier de l'évolution. Vers l'étape suivante, toujours vers l'étape suivante...

anubhavam akhilavum azhiverātta anubandham
anubhavattikavāṇu jīvitam;
nīḷunnu pinneyum, jīvita vāhini
nīndu nīndorukaṭṭe... śāntamāyi...
śāntamāyi... śāntamāyi

Tout est expérience, une continuité ininterrompue. La vie est la totalité de l'expérience. Le fleuve de la vie continue encore. Puisse-t-il couler sans fin, paisiblement, paisiblement,...paisiblement.

SAPTA SVARANGAḶKKUM

sapta svarangaḷkkum
mukti nalkīdunna
śuddha vaikhari rūpiṇi

O Mère, Tu es le pur son « vaikhari » qui donne vie aux sept notes de musique.

citta rāgaṅgaḷe bhasmamākkīṭunna
śakti mantratinte dhāmamē divya
śakti mantratinte dhāmamē

Tu es la demeure du « shakti mantra » qui réduit tous les attachements en cendres.

āhatanāhata nāda svarūpiṇi sāhitī tīrtta pravāhinī
mānava hṛdayattil āgama saundarya
dhārayozhukkum surārādhitē

Tu es de la nature des sons « ahata » et « anahata » (la source de tous les sons des mantras, sons vocalisés ou non). Tu es l'inspiratrice qui fait couler le fleuve de la littérature, Celle que les dieux eux-mêmes vénèrent, Tu fais couler le flot des Ecritures révélées dans le cœur humain.

sarasījāyata lōla sulōcanē
tarasā namikkunnitayenmanam

Je m'incline respectueusement devant Toi, déesse aux yeux de lotus.

manalaya śantikkāyiozhukaṭṭe
nin puṇya mṛdu gāna rāga sudhāmṛtam

Que Ta musique douce et sacrée coule comme un fleuve de nectar, puisse mon mental se fondre dans ce fleuve.

ŚĀRADE ŚĀRADE

śārade śārade
divya mahite śārade
śārade śārade
hamsa asane śārade
śārade śārade
māyura gamane śārade
śārade śārade
sakala kalā vāni śārade

Sarasvati, Sarasvati, O Intelligence divine, Sarasvati montée sur un cygne, Sarasvati, Tu as la démarche d'un paon, Sarasvati, Tu es le réceptacle des arts et de toutes les branches du savoir.

ŚARAṆAM ŚARAṆAM

śaraṇam śaraṇam bhagavāne
śaraṇāgata vatsalā bhagavāne

Accorde-moi refuge, O Seigneur, Toi qui, avec amour, prends soin de ceux qui recherchent Ta protection !

aṛivillatavarāṇē bhagavānē
āśraya mēkaṇē bhagavānē

Nous sommes ignorants, O Seigneur, daigne nous accorder refuge !

maraṇam varayum nin tiru nāmam
mananam ceyyēṇam bhagavāne

Permets-moi de contempler Ton nom sacré jusqu'à l'instant de ma mort.

kaliyuga varadanām bhagavānē
mama jīvan prāṇanam bhagavānē

Dans ce kali yuga (l'âge noir du matérialisme), Tu nous accordes des faveurs. Tu es la vie même et l'énergie qui m'habitent.

kanivōṭu nin pāda paṭmattiṉgaḷ
āśaraṇaneyennennum cērtīṭeṇē

Dans Ta compassion, daigne accorder au malheureux que je suis le refuge éternel de Tes pieds sacrés.

ŚARAṆĀRTHIKALUṬE

śaranārthikaluṭe
kadanaṅgaḷ akattuvān
avatāram kaikonda kāruṇyamē
ammē apāra kāruṇamē

O Mère à la compassion infinie, Tu es l'incarnation de la compassion, Tu es descendue parmi nous afin d'alléger la souffrance de ceux qui trouvent refuge en Toi.

niṟa katiroḷi tūkum kuḷir candrikayāyi
adiyante manassil nī uṇarāvu
karma sukṛtattil amṛtam nī coriyāvû

Comme les frais rayons de la pleine lune qui apportent partout sa clarté, daigne répandre le nectar de Ta grâce abondante au firmament de mon ciel intérieur.

ānanda cinmayē nin sannidhānattil
ñān enna bhāva meṅgō māyunnu
janmavum karmavum prakṛtiyum puruṣanum
ammayānennōruṇma teḷiyunnu

Quand je me prosterne devant la béatitude radieuse de Ta présence, le sentiment du « moi » disparaît. Alors il m'apparaît que la naissance, le karma, le monde manifesté et la Réalité non-manifestée, tout cela ne sont que différents aspects de ma Mère.

ā madhu smitam nukarumbōzhennile
dāhavum mōhavum akalunnu...
karaḷnontu viḷichāl amma tan
anugraham kai varumenna satyam aṟiyunnu...

Toutes mes illusions et ma soif s'évanouissent quand je savoure ce doux sourire. Et je comprends cette vérité : la bénédiction d'Amma sera toujours avec (celui/celle) qui L'appelle du fond du cœur.

SARASIJA NAYANĒ

sarasija nayanē pūrṇa sanātanī
ammē abhayam tarū nī... dēvī
oru varam aruḷān varū nī
eriyumen karaḷinu kuḷirēkān kaniyū nī
santāpa śānti tarū nī... dēvī

O déesse aux yeux de lotus, parfaite et éternelle, O Mère, je T'en prie, daigne m'accorder cette faveur : puissé-je connaître un peu de répit au milieu de cette litanie de chagrins, puisse ce cœur brûlant goûter un peu de fraîcheur, je T'en prie, accorde-moi refuge.

sarasvatī vāg dēvatē
vēdāmbikē ammē
amṛtānandamayī ammē...
amṛtānandamayī mama jananī

O Mère Amritanandamayi, déesse Sarasvati, déesse de la Parole inspirée, Mère des Védas, ma Mère.

ellām ñān enna bhāvattāl karmaṅgaḷ
ceytu pōyammē bhava tāriṇī
kara kāṇa kaṭalil jani mṛti cuzhiyil
āndu pōyammē tunaykku nī
karam nīṭṭi kara kēttān kaniyū nī

O Mère, j'ai toujours agi en ayant le sentiment que c'était moi qui faisais. Ces karmas (actions) m'ont plongé(e) dans l'océan du monde matériel, sans aucun rivage salvateur en vue. Elles m'ont enfoncé(e) dans les sables mouvants de la mort, de la transmigration et de la naissance. O déesse qui sauves tous les êtres, tends-moi une main secourable et sors-moi de ce bourbier.

vāg dēvatē nin kṛpayālen vākkukaḷ
hitamāyi mitamāyi priyamākaṇam
karmangaḷ sarvavum lokārttamakaṇam
ānanda bhairavi ambikē
amṛtānanda bhairavi ambikē

O déesse du savoir, par Ta grâce, puissent mes paroles être douces et agréables à tous. Puissent mes actions bénéficier au monde entier.

SARASVATĪ SARASVATĪ

sarasvatī sarasvatī
sarasija nayanē sarasvatī
vīnā pāni sarasvatī
vēda vilāsini sarasvatī
vidyādāyini sarasvatī varapradāyini sarasvatī
saṅkata hāriṇi
maṅgala kāriṇi sarasvatī
jagadōdhāriṇi sarasvatī
ānanda dāyini sarasvatī

Sarasvati, Toi qui as des yeux de lotus, Tu tiens la vina (luth indien), Tu rayonnes de la connaissance des Védas, O Sarasvati, Tu donnes la connaissance, Tu accordes des faveurs, O Sarasvati, Tu anéantis la souffrance, Tu accordes tout ce qui est bon, O Sarasvati, Tu élèves la conscience du monde, Sarasvati, Tu donnes la béatitude, O Sarasvati.

ŚIVA ŚIVA HARA HARA

śiva śiva hara hara
śiva śiva hara hara
mēgām bara dhara
damaru sundara hara
śiva śiva hara hara śiva śiva hara hara

O dieu favorable, Toi le destructeur, vêtu de nuages, dieu magnifique qui joues du damarou (petit tambour).

kara triśūla dhara
abhaya suvara hara
bhasma anga dhara
jadā jūda dhara
bāla candra dhara
dīna nayana dhara
nāga hara dhara
munda māla dhara

Tu tiens le trident, nous délivrant de la peur et nous accordant des faveurs ; les membres enduits de cendres et les cheveux emmêlés, Tu portes au front le croissant de lune, Tes yeux rayonnent de compassion, Tu portes une guirlande de cobras et un collier de crânes.

hara hara śiva śiva hara hara
śaṅkara śiva śaṅkara
śiva śambhō mahādēva śaṅkara

O Toi qui es favorable, le destructeur, le grand dieu...

ŚIVA ŚIVA MAHĀDĒVA

śiva śiva mahādēva
nama śivāya sadā śiva
kāli kāli mahā mātā
nāma kālikē namō namā
durga durga mahā māyā
nāma durgāya namō namā

śiva	Toi qui es favorable
mahadēva	Grand dieu
nāma	Salutations
sadā	Toujours
kali	La déesse sous sa forme destructrice
mahā mātā	Grande Mère
kalikē	Déesse Kali
durga	Un des noms de Dévi
mahā māyā	Grande illusion

ŚIVĀYA PARAMĒŚVARĀYA

śivāya paramēśvarāya
saśi śēkharāya nama ōm
bhavāya guṇa sambhavāya
śiva tāndavāya nama ōm
śivaya paramēśvarāya
candra śēkharāya nama ōm

O Shiva, grand dieu qui porte le joyau du croissant de lune, hommage à Toi, incarnation de toutes les vertus, Toi qui exécutes la danse tandava (danse de destruction à la fin d'un cycle de la création).

SKANDĀ MURUGĀ VARUVĀYĒ

skandā murugā varuvāyē
śānti taravē aruḷ vāyē

Bienvenue, mon Skanda (chef de l'armée céleste), Mourouga (Celui qui voyage sur un paon). Bénis-moi en m'accordant la paix.

Kanvalla vāzhventu śolvāyē
Kanṭai tēra oru pātai aruḷ vāyē

Tu nous dis que cette vie n'est pas un rêve. Montre-nous le chemin qui mène à l'autre rive (i.e. l'immortalité)

kaṇamēnum vārāyi en daivamē
kaṇṇāre kandāl pōtumē
tuṇayāka vantāl ennatayuyirē
nī śōnna paṭiye nānāṭuven
Kanvalla vāzhventu śolvāyē
Kanṭai tēra oru pātai aruḷ vāyē

O Seigneur, viens, portant Ton trident doré. Si seulement je pouvais Te voir de mes propres yeux, essence de toutes les forces vitales. Ne seras-Tu pas mon compagnon, O vie de ma vie ? Sur la mélodie que Tu joues, je danserai. Tu nous dis que cette vie n'est pas un rêve. Montre-nous le chemin qui mène à l'autre rive.

muruga... muruga... muruga
entan manam unnai tēṭutē
unten mahimai pāṭutē
enatākki vantāl unatāki vāzhvēn
nī śōnna paṭiye nānāṭuven

Dis-moi, la vie n'est-elle pas un rêve qu'il faut vivre, sans pouvoir s'éclipser ? Bénis-moi en me guidant sur le bon chemin jusqu'à la fin du voyage. Mon mental Te cherche, il chante Ta gloire. O Seigneur, réponds à mon appel, je vivrai éternellement pour Toi et selon la mélodie que Tu joues, je danserai.

SNĒHAMAYĪ ŚRĪ BHAGAVATĪ

snēhamayī śrī bhagavatī
smitā svarūpiṇi smarāmi satatam
amṛtamayī śrī bhagavatī
smitā svarūpiṇi smarāmi satatam

Nos pensées sans cesse volent vers Toi, O Amritamayi, bienfaisante Bhagavati (un aspect de Dévi, le siège de six grandes vertus), incarnation de l'amour et du sourire.

varadāna lōle varadābhaye dēvi
varavīnā pustaka dhārinīyambikē
vidyā pradē viśvēśvarī
varamaruḷuka ñaṅgaḷkku
śrī bhagavatī

O déesse dont l'intention est d'accorder des faveurs, Tu nous protèges et répands sur nous la bonne fortune, Tu tiens une belle vina (luth indien) et le livre des Ecritures. O Bhagavati, Toi qui donnes la connaissance, impératrice de l'univers, accorde-nous une faveur.

duritaṅgaḷ nīngān
kaniyeṇam ennennum
abhayam nī ñaṅgaḷil coriyeṇam ambikē
karuṇānidhe kaniyēṇamē
varamaruḷuka ñaṅgaḷkku
śrī bhagavatī

Daigne répandre Ta grâce sur nous pour que cesse notre souffrance et protège-nous, O Mère ! Toi la corne d'abondance de la grâce, montre-Toi miséricordieuse et réponds à nos prières.

SNĒHĀMṚTĀNANDINI

snēhāmṛtānandini - amma
svētāmbarādambari
bhāvābhirāmēśvari amma
pārinnu sarvēśvari

ammē amṛtānandamayī
ammē viśvaprēmamayī
ammē amṛtānandamayī
vandē mātā praṇavamayī

kāruṇya pūrṇāmṛtam - snēha
sārātma rūpāmṛtam
kātinnu nādāmṛtam - kannin
ānānda rūpāmṛtam

vēdānta sārāmṛtam – satcid-
ānanda divyāmṛtam
jīvannu jīvāmṛtam - santat
ānanda dhyeyāmṛtam

sanmātra rūpāmṛtam - pūrṇa
brahma svarūpāmṛtam
advaita vidyāmṛtam - jñāna-
sadrūpa nityāmṛtam

snēhamṛtanandini	Mère de la Béatitude immortelle, Mère qui est tout amour
svēthambaradambari	Mère vêtue de blanc
bhavabhiramēśvari	L'Etre suprême....
parinnu sarvēswari	Déesse suprême de l'univers
viśvaprēmamayi	Mère dont l'amour est universel
karuṇyapurṇam	La plénitude de la compassion
snēhasarātmarūpam	Dont la forme est l'essence de l'amour

kātinnu nādāmṛtam	Musique ambrosiaque pour les oreilles
kanninnānanda rūpamṛtam	La vision de Ta forme est béatitude.
vēdanta saramṛtam	L'essence du Védanta
satcidānanda divyamṛtam	Etre, Conscience, Béatitude absolues
jīvannu jīvamṛtam	Nectar qui donne vie à l'âme
santatānanda	Dont la béatitude est éternelle
dhyeyāmṛtam	Objet de méditation
sanmatra rûpamṛtam	Aux formes variées
purṇabrahma svarūpam	Dont la forme est Brahman dans sa plénitude
advaita vidyamṛtam	Nectar de la connaissance de la non-dualité
jnāna sadrūpa nityamṛtam	Nectar éternel de la connaissance ultime

ŚRĪ KARĪ KRIPĀ KARĪ

śrī karī kṛpā karī
priyankarī sarvēśvarī
śaṅkarī abhayankarī
sumangalī sarvēśvarī
tāndava priya śrī karī
bhairavī pralayankarī
sarvēśvarī sundarī
dayā karī manōharī

śrī	Prospérité
kari	Celle qui accorde
kṛpa	La grâce
priyam	Celle que nous aimons
sarvēśvari	Déesse de toute chose
saṅkari	Celle qui est favorable
abhayankari	Celle qui accorde la protection et libère de la peur

sumangali	Celle qui est favorable (aussi : Celle qui est mariée)
tandava priya	Celle qui aime la danse cosmique
bhairavi	Epouse de Bhairava (Shiva)
pralayam	La dissolution cosmique
sundarī	Belle
dayā	Miséricorde
manōhari	Qui enchante l'esprit

ŚRI KṚṢṆA CAITANYA

śri kṛṣṇa caitanya
vithale rakumāyi
rādhe śyām pānduranga
rādhe gōvindā

rādhe gōvinda bhaja
rādhe gōpāla
pandari nātha pānduranga
rādhe gōvinda

kṛṣṇa	Celui qui attire tous les êtres
caitanya	Conscience
vithale rakumayi	Vishnou et Lakshmi
rādhe śyam	Radha et Krishna
pānduranga	De couleur blanche
gōvinda	Seigneur des vaches
gōpala	Petit pâtre
pandarinātha	Seigneur de Pandarpour

ŚRI KṚṢṆA GŌVINDA

śri kṛṣṇa gōvinda harē murāre
hē nātha nārāyaṇa vāsudēva
nārāyaṇa nārāyaṇa vāsudēva
nārāyaṇa vāsudēva
hē nātha nārāyaṇa vāsudēva
harē murāre kṛṣṇa harē murāre
harē murāre rāma harē murāre
hē nātha nārāyaṇa vāsudēva

śri kṛṣṇa gōvinda harē murāre
hē nātha nārāyaṇa vāsudēva
kṛṣṇa vāsudeva
gōvinda gōvinda gōvinda vāsudēva
nārāyaṇa nārāyaṇa nārāyaṇa vāsudēva
hē nātha nārāyaṇa vāsudēva

śrī kṛṣṇa	Etre glorieux qui attire tous les êtres
gōvinda	Seigneur des vaches
harē	Celui qui soulage les affligés
murāre	Celui qui a tué le démon Moura
hē nātha	O Seigneur
nārāyaṇa	Celui qui repose sur les eaux primordiales
vāsudēva	Celui en qui tout existe

ŚRĪ MĀTĀ JAGANMĀTĀ

śrī mātā jagan mātā
ambā mātā śaśi gauri mātā
dhāraṇī mātā paripūranī mātā
jagōdhāriṇī mātā bhavahāriṇī mātā

jagan mātā	Mère du monde

ambā	Mère
sasi gauri	Blanche comme la lune
dharaṇī	Support de l'univers
paripurani	Perfection
jagōdhariṇi	Substrat du monde
bhavahariṇi	Destructeur du cycle de la transmigration

ŚRĪ PĀDA MĀHĀTMYAM

śrī pāda māhātmyam ārkkariyām - guru
pādattin vaibhavamārkkariyām
amṛteśvarī ammē ānanda sāramē
kaivalya dhāmamē ñān namikkām
amṛtēṣvari pādam vandē... (2)

Qui connaît l'importance des pieds de lotus du gourou ? Qui connaît la grandeur des pieds du gourou ? Amma, Amriteshvari, essence de la béatitude, demeure de la libération, je me prosterne devant Toi !

śrī pāda pūjakku mēlilla pūjakaḷ
illa yōgādikaḷ sādhanakaḷ
sad guru pādattil prēmavum śraddhayum
janma janmāntara puṇyamallō

Il n'existe pas d'adoration supérieure à celle des pieds du gourou. Les pratiques spirituelles, les yogas etc, sont tous inférieurs aux pieds du gourou ! Les pieds du Satgourou nous apportent l'amour et la vigilance grâce aux vertus accumulées au cours de nombreuses vies antérieures.

trippāda bhakti sadā kalpa vṛkṣamām
prēma bhakti pradam jñāna mūlam
bhakti mukti pradam sarvva siddhi pradam
śrī pāda tīrttamē tīrttasāram

La dévotion envers les pieds de lotus du gourou est l'arbre-qui-exauce-les désirs et nous donne l'amour, la dévotion et la connaissance. L'eau qui a lavé les pieds du gourou est la plus sacrée qui existe et nous accorde la dévotion, la libération et tous les mérites.

sākṣāl anantanum mūrtti trayaṅgaḷum
vākku kiṭṭāte valaññiṭunnu
pinnāru varṇṇikum sadguru pādatte
vīndum namikkām namichiṭām ñān

Le serpent aux mille langues, Ananta, et la Trinité (Brahma, Vishnou et Shiva) eux-mêmes trouvent difficile de rendre gloire aux pieds du gourou, car les mots leur manquent. Puisqu'il en est ainsi, qui d'autre pourrait décrire comme il convient les pieds du gourou ? Je me prosterne, sans cesse devant Toi je me prosterne !

ŚRĪ RĀMACANDRA

śrī rāmacandra raghu rāmacandra
prabhu rāmacandra bhagavān
śrī dhanya dhanya sītābhirāma
sukṛtātma rūpa rāmā

O Sri Ramachandra, de la dynastie des Raghous, Seigneur Ramachandra, O dieu, Bien-aimé de Sita, béni et bienfaisant, Toi dont la forme est l'âme même des êtres pieux.

hē jānaki ramaṇa rāghava vimala vīra sūrya kūla jātā
hē rāma rāma raghuvīra rāma
karunārdra nētra rāma
śrī rāma rāma jaya rāma rāma
jaya rāma rāma jaya rāmā

O Toi qui enchantes Sita (Janaki), Tu es sans tache, Tu es né dans la dynastie du Soleil et Tu es glorifié pour Ta force et Ta bravoure, O Rama, Toi dont les yeux sont mouillés de compassion.

hē mauktika bharana būṣitā
bhuvana saundaryātma jaya rāma
ānanda rūpa nīgamānta sāra
nikhilātma rūpa rāma
śrī rāma rāma jaya rāma rāma
jaya rāma rāma jaya rāma

O Rama, Tu portes des parures de perles, joyau du monde, béatitude incarnée, quintessence des Upanishads, forme qui contient toutes les âmes.

ŚRĪ LALITAMBIKĒ SARVA SAKTĒ

śrī lalitāmbikē sarva śaktē
śrī lalitāmbikē sarva śaktē
śrī lalitāmbikē sarva śaktē
śrī pādam ñānitā kumbiṭunnen

O Sri Lalitambika, Tu es Toute-puissante, à Tes pieds divins je me prosterne humblement.

taranam enikku guṇangaḷ sarvam
śaraṇam gamichoru
dukkhitan ñān
tēru tere vīṇu vaṇaṅgīṭuvān
oru poṭi kāruṇyam ēkiṭēnē

Je T'en prie, accorde-moi toutes les vertus. Je suis malheureux et je cherche refuge en Toi. Daigne m'accorder un peu de Ta grâce, afin que je puisse toujours ressentir de la dévotion pour Tes pieds de lotus.

tava kaṭakkannināl onnu nōkki
mama khēdam okke ozhikka dēvī
aviṭutte dāsiye kākkukillē
alivezhānentinī ceytiṭēṇam

Je T'en prie, regarde-moi de Tes yeux rayonnants de compassion et mets fin à toutes mes souffrances. Prends soin de Ton serviteur. Que puis-je faire pour attendrir Ton cœur ?

arutarutamme tyajichiṭollē
śaraṇamagaṭikku nalkiyālum
gamanattilamma nayichiṭenam
gati vēṟeyillā śaraṇamammē

Je T'en prie, ne me quitte pas, accorde-moi Ton refuge, guide-moi au cours de ce voyage, je n'ai personne d'autre.

akhila kāmaṅgaḷum nalkum ammē
karuṇayērīṭum mahēśi bhadrē
mananam ceytīṭānāyi śakti nalkū
manatāril nityavum nṛttamāṭū

Daigne m'accorder toutes les faveurs, O Mère pleine de compassion, accorde-moi la force de méditer. Je T'en prie, viens danser éternellement dans mon cœur.

oru nūru janmam kazhiññа tāvām
taruṇattil marttyanāyi tīrnnatākām
viraḷamāyi tanneyī janmammē
padamalar kumbiḷil nalkiṭaṭṭe

J'ai traversé des centaines de vies avant d'obtenir cette forme humaine, et pourtant j'offre ce corps à Tes pieds de lotus.

pizhakal adhikamāyi ceytirikkām
tanayaril ñān nindya nāyirikkām
jananī nī ellām kshamichivante
manatāpamokkey akattitenam

J'ai commis de nombreuses erreurs, je suis un enfant indigne. Mère, pardonne-moi cependant et mets fin à ma douleur.

jñānamō śāstramō yōgamō nī
ēkiyiṭṭillennatōrmma vēṇum
oru karmavum tiriyāttorenne
calanappeṭuttunna tentināṇu

Je T'en prie, rappelle-Toi que Tu ne m'as pas donné la connaissance des Ecritures ou de la méditation. Pourquoi créer tant de souffrances pour un être comme moi, qui ne sait même pas comment fonctionne le karma ?

śariyāyi nayikkuvān ārumillā
toru śōka sāmrājyam uḷḷilenti
iṭayiṭe tēṅgaḷ dhvanikaḷumāyi
aṭiyan tavātmaja ettiṭunnu

Il n'y a personne pour me guider. Je viens à Toi le cœur plein de chagrin et d'angoisse.

mama mātāvum pitāvum guruvum
manavṛkṣa puṣpa phalavum amma
ninavukaḷ okkeyum ninnilākān
kanivu nalkīṭuvān kai tozhunnen

O Mère, Tu es mon père, ma mère, mon maître et le fruit de toutes les actions. Je ne vais plus penser qu'à Toi. Daigne faire preuve de compassion envers moi.

kēra vṛkṣaṅgaḷe vallikaḷe
niṅgaḷ endammaye kandatundō
pon tārakaṅgaḷe niṅgaleṅgān
entamma pōyatu kandatundō

O vous, cocotiers et plantes grimpantes, avez-vous vu ma Mère ?
O étoiles dorées, avez-vous vu où ma Mère s'en est allée ?

rākkiḷi kūṭṭame niṅgaḷeṅgān
entamma tan vazhi kandatundō
hē niśāgandhi nī kanduvō col
entamma yī vazhi pōyatundō

O rossignols, savez-vous quel chemin Elle a pris ? Et vous fleurs de la nuit, L'avez-vous vue ?

ōrō kaṭalkkara tōṛum ammē
ninne tiraññu karaññidum ñān
ōrō maṇal tariyōṭum ammē
ninne kuṛichu tirakkiṭum ñān

Je Te chercherai sur toutes les rives, j'interrogerai chaque grain de sable.

nīyallā tillārumeṅgaḷkkammē
nī tanne śvāsa nīśvāsamennum
ninne piriññu kazhiññiṭānō
ñaṅgaḷkkoralpavum vayyā tāyē

Qui d'autre prendra soin de nous ? Tu es notre souffle même, nous ne pouvons pas vivre sans Toi.

nī pin tiriññu naṭannu vennāl
potti takarnnitum ñaṅgaḷamme
ninne pirinyor arakṣanavum
ñaṅgaḷ sahichīdukilla tāyē

Si Tu nous abandonnais, nous en serions brisés. Nous ne pouvons pas être séparés de Toi une seule seconde.

ammē ponnamme prakāśame nī
prēmāmṛtam tūki vāzhaname
mānasa nētram teliññu nilkkum
hṛdayākāśattil nī vāzhaname

Ma Mère, ma Mère chérie, Mère de lumière, demeure à jamais dans notre cœur et viens nous bénir en répandant sur nous le nectar de la béatitude immortelle.

ninne pirinyoru nēramammē
vayya vayyottum kazhiññiṭuvān
nī maraññiṅgane ninnitūkil
ninne tiraññu ñān māttayākum

Je ne peux pas vivre sans Toi. Si Tu continues à Te cacher ainsi, je vais perdre la raison à force de Te chercher.

minnāminuṅgē prakāśa muttē
rāvin vēḷichamē nillu nillu
amma tan dūti nī ennu tōnnum
nīyeṅgāne entamme kandatundō

O lucioles, lumières de la nuit, vous semblez être des messagères de ma Mère. Ne L'avez-vous pas vue?

māzhkiṭum ambala prāvukaḷe
entammayī vazhi pōyatundō
ambalatinnuḷḷil pāttu kānum
ambala dīpame collu collu

O oiseaux du temple au chant plaintif, avez-vous vu ma Mère venir par ici ? Se cache-t-Elle dans le temple ?

yuga yugāntaṅgaḷāyi ñān alaññu
yuga yugāntaṅgaḷayi nī maraññu
karuṇāmayī ninakkentū patti
karuṇa kāṭṭīṭān amāntamentē

J'erre depuis des âges et des âges, Tu restes loin de moi, O Toi qui es pleine de miséricorde. Que se passe-T-il ? Pourquoi tardes-Tu à m'accorder Ta grâce ?

vayya vayyāmmaye kandiṭāte
nīṛi nīṛittane nīṅgiṭuvān
amma tan mārgam paṛaññiṭuvān
ārārum illayō collu collu

Je ne peux plus continuer à vivre sans ma Mère et il n'y a personne pour me montrer le chemin vers Elle.

prēma mūrtte ninakkentu patti
nin kṛpā sindhu varandu pōyō
ninne piriññu ñān etra kālam
iniyum alayaṇam colka tāyē

O amour incarné, l'océan de Ta grâce est-il à sec ? Combien de temps encore me faudra-t-il errer sans Toi ?

ninte kāruṇyam labhichiṭuvān
ñān entu vēlayum ceyyum ammē
ninne labhichidum vēla tanne
vēlayenna muni śrēṣṭha rōti

Je ferai tout pour mériter Ta compassion. Les sages ont dit qu'une action, pour être réelle, doit être accomplie dans le seul but de T'obtenir.

entu ninakku santōshamāṇō
innatu ceytiṭām ente tāyē
onnonnu mātram innente ichcha
nin maṭi taṭṭilī kuññirikkum

Je ferai tout pour Te plaire. Mon seul désir est de reposer sur Tes genoux.

ninne labhichiṭum cinta cinta
ninne labhichiṭum karmam karmam
ninne labhichiṭum dharmam dharmam
ninne labhichiṭum dhyānam dhyānam

Seules les pensées qui mènent à Toi sont réelles ; seules les actions accomplies pour T'obtenir sont de vraies actions ; le seul vrai dharma, c'est de Te trouver et méditer pour T'atteindre est la seule vraie méditation.

cintakaḷ okkeyum ninte cinta
karmangaḷ okkeyum ninte pūja
nin nāmam colluvān cundanaṅgum
nī mātram ammē enikku sarvam

Toutes mes pensées vont vers Toi, toutes mes actions sont un culte offert à Tes pieds ; mes lèvres ne bougent que pour répéter Ton nom divin ; Toi seule es Tout pour moi.

nīyente munnil innettiṭēṇam
śrī pādam kaṇṇīril mukkiṭēṇam
nin prēma bhakti en ātma nādam
mattonnum entamme vēnda vēnda

Viens à moi, je T'en prie, afin que, de mes larmes, je lave Tes pieds bénis. Je ne veux rien, sinon la pure dévotion pour Toi.

nīyenne viṭṭiṭṭin ōṭiṭēndā
ninne uruṭṭi piṭichiṭum ñān
nāmam japicheṛiññinnu ninne
ñān ente kayyil kurukkum ammē

Tu ne vas plus pouvoir me quitter. Je m'accroche très fort à Toi en répétant Ton nom divin.

itrayum nāḷenne viḍḍiyākki
innini appaṇi vēnda durgē
nī ente śvāsamāyi tīrnnupōyi
nīyente prāṇante prāṇanāyi

O Dourga, cesse de me jouer des tours, ne m'abandonne plus. Tu es mon souffle, ma vie même.

ente hṛt spandanam ninnilallō
en cintayellām ninnuḷḷil allō
ñān tanne ninte maṭiyil allō
tārāṭṭu pāṭān maṟanniṭolle

Mon cœur bat en Toi et mes pensées sont en Toi. Je suis sur Tes genoux, n'oublie pas, je T'en prie, de me chanter une berceuse.

ā pāṭṭil muṅgi mayaṅgiṭām ñān
sacchidānandam nukarnneṇīkkām
ennekkum en nidra tīrnninṭaṭṭe
entammayil ñān unarnniṭaṭṭe

Je vais m'éveiller, ce sera la fin définitive de mon sommeil, et je connaîtrai la béatitude de l'état suprême dans (les bras de) ma Mère.

SUKHAMEṆṆI TIRAYUNNA

sukhameṇṇi tirayunna manujā ninnabhimānam
veṭiyāte bhūvanattil
sukham enginī
dayā rūpi jagadamba akatāril teḷiyāte
manujā nin manassinnū sukham ētini

Toi qui cherches partout le bonheur, comment l'obtiendras-tu sans abandonner ta vanité ? Tant que la Mère de l'univers, pleine de compassion, ne brille pas dans ton cœur, comment pourras-tu jamais être heureux ?

parābhakti uṇarātta manujante manamennum
maṇāmatta malarinnu samamāyi varum
iḷakunna kaṭalinte alayilpeṭṭila pōle
duritattiluzharītān iṭayāyi varum
janimṛtiyil peṭṭalayānāy iṭayāyi varum

Le cœur qui ne vibre pas de dévotion pour la puissance suprême est comme une fleur sans parfum. Un tel mental sera fatalement balloté par la misère, comme une feuille agitée sans répit par les vagues de l'océan.

vidhi enna kazhukante nakharattil amarāte
vijanattil irun ātma bhajanam ceyyū
phalam eṇṇi tirayāte satatam tan manatāril
sakalātma rūpiye bhajanam ceyyū - sakala
duritam pōy sukhamēlān iṭayāy varum

Ne vous laissez pas prendre par les serres du vautour que l'on appelle le Destin. Adorez le Soi dans la solitude. Cessez de toujours attendre des résultats et vénérez le Soi universel dans la fleur du cœur !

SUNDARA KAṆṆĀ KAṆṆĀ

sundara kaṇṇā kaṇṇā vandita rūpa
nanda kumāra kaṇṇā mañjula hāsā
pāvana nāma kaṇṇā pāpa vināśa
pāhi pāhi mām kaṇṇā pālaya saure
kaṇṇā kaṇṇā kaṇṇā kaṇṇā...

O splendide Kanna (Krishna) dont la beauté invite à l'adoration, Fils de Nanda au sourire captivant, Kanna, qui détruis l'imperfection, béni est Ton nom, daigne me protéger.

vēṇugōpālā kaṇṇā vēda svarūpā
gāna vilōlā kaṇṇā gōkula nātha
gōpa kumāra kaṇṇā gōpī vallabhā
rāsa vilōlā kaṇṇā rājiva lōcana
kaṇṇā kaṇṇā kaṇṇā kaṇṇā

O Vénou-gopala aux yeux de lotus, Tu incarnes la vérité des Védas, Seigneur de Gokoula, Toi qui aimes tant la musique et que les gopis adorent, Tu affectionnes le jeu divin de la danse rasa.

kamala lōcana kaṇṇā kāruṇya rūpā
kadana nāśana kaṇṇā kamsa mardanā
madana mōhanam kaṇṇa tavakāṇanam
tāvaka nāmam kaṇṇā tāpa nāśanam
kaṇṇā kaṇṇā kaṇṇā kaṇṇā...

O Kanna aux yeux de lotus, Toi qui es compatissant, Tu détruis le chagrin, Tu as tué Kamsa, Ton visage est enchanteur et Ton nom suffit à détruire ma douleur.

SUNDARI NI VĀYŌ

sundari ni vāyō purandari ni vāyō
śaṅkari ni vāyō nirandari ni vāyō

Viens, O belle déesse qui détruis le chagrin. Viens, O épouse de Shiva, Toi qui transcendes les trois états d'être. Viens, O Toi qui es favorable, viens, O Toi l'Eternelle.

kandan tandaukku vāmākṣi nī ennum
kānti pūrate cintum kāmakṣi nī
bandhuvāyi kānmōrkku
svantam nīye en cindaykku
uravāyi ninnīdamma

Tu es l'épouse éternelle de Shiva, Père de Mourouga, Tu es Kamakshi, rayonnante ; ceux qui Te chérissent comme leur seule famille, Tu leur appartiens, O Mère, je T'en prie, demeure en moi comme la source de toutes mes pensées.

onnāyi palatāyi arūpavumāyi
ninnālum jyōtirmayi
brahmam nīyē
nannāyenuḷḷam nī aṟiyillayō
connālum munnil
nī varukillayō

Tu es Brahman, source de lumière, Tu es unique, Tu es la multitude des formes et Tu es le Sans-forme aussi. Ignores-Tu le tréfonds de mon être ? N'apparaîtras-Tu pas devant moi, quand je T'appelle ?

SVĀMI ŚARAṆAM AYYAPPA

svāmi śaraṇam ayyappa
śaraṇam śaraṇam ayyappa
svāmi śaraṇam ayyappa
śaraṇam śaraṇam ayyappa

ayyappa	Un des noms du Seigneur
śaraṇam	Refuge
svāmi	Seigneur

śrī śabarīśa svāmi
śaraṇam ayyappā
ārthivināśa svāmi
śaraṇam ayyappā
sāśvata mūrtte svāmi
śaraṇam ayyappā
māmala vāsā svāmi
śaraṇam ayyappā

Seigneur de Sabari (une femme des populations tribales pleine de dévotion pour Rama. Sabarimala est la montagne où elle a vécu et où se dresse le célèbre temple Ayyappa.) Toi qui détruis l'avidité, Forme éternelle, Toi qui demeures sur la montagne, O Seigneur Ayyappa, Tu es mon refuge.

caranarenu śirasilaniññu
paramabhakti manasil viriññu
paramaśānti parannozhukum
tirupādamalar teḷiññukandu
nayanasukham varane svāmi
hṛdayalayam varane
aruṇakkuravidame svāmi
paramapādam tarane

En mettant sur ma tête la poussière de Tes pieds, la dévotion suprême dans mon cœur, en gardant la claire vision de Tes pieds, d'où jaillit la paix parfaite, puissent mes yeux goûter le plaisir et le cœur fondre. Seigneur, source de miséricorde, je T'en prie, élève-moi jusqu'à l'état suprême.

pāpam tīrān tāpam tīrān
janimṛti dukham asēṣam tīrān
pati patinettum kayaripparichil
paramātmāvin tatvam
urakkān oru varan arulaṇame svāmi
padamalar tuna taranē
akamalar uṇarvu varān svāmi
kanivamṛtarulaṇamē

Pour que nous puissions épuiser le péché, mettre fin à la souffrance, nous laver complètement du chagrin engendré par le cycle des naissances et des morts, pour que nous puissions monter les dix-huit marches qui mènent au temple de Shabarimala, comprendre vite et fermement le principe du Soi suprême, daigne nous accorder Ta bénédiction, O Seigneur,dans Ta bonté, aie pitié de nous.

ŚYĀM RĀDHE ŚYĀM – (ĀRATI KUÑJAVIHARI)

śyām rādhe śyām rādhe
śyām rādhe śyām
rādhe śyām rādhe śyām
rādhe śyām rādhe śyām
āratī kuñjavihāri kī
śrī giridhara kṛṣṇa murāri kī
śyām rādhe śyām...

Arati (offrande de la flamme du camphre) pour le Seigneur Krishna, qui vit sous les tonnelles, Celui qui a tué le démon Moura et soulevé la montagne dans sa main.

galē mē vaijayanti mālā
bajāve murali madhura bālā
śravana mē kuṇḍala chala kālā

Il porte une guirlande de fleurs sauvages, Il joue merveilleusement de la flûte, Il porte des pendants d'oreilles en forme de poisson, qui se balancent au rythme de ses mouvements.

nanda kē nanda hē nanda lālā
śrī giridhara kṛṣṇa murāri kī
śyām rādhe śyām...
gagan sam angakānti kārī
vilāsa sab parta nind chāli
bhramara sam ālak
kastūrī tilak candra sam damak
lalita chavi śyām pyāri kī

śrī giridhara kṛṣṇa murāri kī
śyām rādhe śyām...

Il est l'enfant chéri de Nanda, le corps brillant comme un sombre nuage de pluie, les yeux bordés de khol aussi sombre que l'abeille noire, apaisant comme les rayons de la lune, portant un tilak de musc, l'enfant au corps mince, plein d'affection et de beauté, Celui qui a tué le démon Moura et qui a soulevé la montagne dans sa main.

ŚYĀMNE MURALĪ

śyāmne muralī madura bajāyi,
vajayi, muralimadhu bajayi
nirmala jīvan jamunā jal me
lahar lahar laharāyi, śyāmne

Krishna a joué sur la flûte une douce mélodie ; telle les vagues sur les eaux pures de la Yamouna, cette mélodie a plongé mon cœur dans le ravissement.

nirmal gagan pavan nirmal hē
nirmal dharttikā āchal hē
nirmal he tan nirmal hē man
nirmal ras kī ras rachāyi

Le ciel est clair, le vent est doux, la surface de la terre est pure ; les humains sont en bonne santé physique et mentale, tout cela est dû à la danse divine du Seigneur.

nirmal svar me vēṇu pukāre
vrishaba sune vraj rajkumāri
nirmal lōcan nirmal chitt van
manme nirmal lagan lagāyi

La flûte nous appelle de sa divine mélodie ; les vaches, les enfants de Vraj et tous les alentours se mettent à chanter cette mélodie, qui remplit leur cœur, au point qu'il n'y a plus de place pour aucune autre pensée.

TĀMARA KAṆṆĀ VARŪ

tāmara kaṇṇā varū kṛṣṇā guruvāyūrappā
rādhāramaṇā gōpī kṛṣṇā
nityam ninne kāttirippū

O Krishna aux yeux de lotus, Seigneur de Gourouvayour, viens ! O Seigneur de Radha, le Krishna des gopis, sans cesse, je T'attends.

tāi dēvaki paramānandamē
ennu nalkum nī nin darśanam
mayilpīli muṭi cūṭi
maññayum cutti
candanam cārtti
pon cilaṅkakaḷ keṭṭi
ōmana kaṇṇā śrī kṛṣṇā
ōṭakkuzhalumāyi ōṭivarū

O Béatitude suprême de Dévaki, (la mère de Krishna) quand m'accorderas-Tu Ta vision ? Ta chevelure ornée de plumes de paon, vêtu de jaune, le front couvert de pâte de santal, portant aux chevilles des bracelets en or, tenant une flûte, viens vers moi en courant, Krishna chéri.

bhaktayām mīrayuṭe sangītamē
kēḷkkunnuvō nī en stutikaḷ
saptasvaraṅgaḷum rāgavum śrutiyum
tāḷavum bhāvavum layavum nīyē
gandharva gāyakā śrī kṛṣṇā ōmkāra nādam pāṭi varū

O musique de Ton adoratrice Mira, n'entends-Tu pas mes hymnes de louange ? Tu es les sept notes de musique, les modes (ragas), la mélodie, l'harmonie, la symphonie, le rythme et l'état intérieur. O chanteur céleste, Sri Krishna, viens, chantant la mélodie du OM.

TĀNANA TĀNANĀ

tānana tānanā tanānā tane
tānana tānanā tanānā
tānana tānanā tanānā tane
tānana tānanā tanānā

(Ce chant est un cri de joie à l'approche de Dévi)

TAN MAN KĪ PUṢPĀÑJALI

tan man kī puṣpāñjali lēkkar
tava caraṇōm mē āyā mā
lē lō sab kuch is jīvan kā
tum kō śīś caḍāyā mā (2x)

O Mère, portant les deux fleurs du corps et du mental, je suis arrivé à Tes pieds. Daigne accepter ces fleurs en offrande. J'ai pris refuge en Toi. Je T'en prie, accepte ma vie toute entière.

gahar andhērā rāh dikhēnā
ṭhokar pag pag lāgē mā
ban āśā kī kiraṇ sunahari
path ālōkit kardē mā

Le chemin est très sombre, impossible à discerner. Je trébuche à chaque pas. O Mère, je T'en prie, viens éclairer le chemin.

kṣudr viṣay sukh jantu bahut hē
vimukh karē man tumsē mā

sañchārit kar bhāv bhakti kā
pal pal prēm pravāhō mā

Ceux qui vivent dans l'esclavage des plaisirs ordinaires sont nombreux. O Mère, détourne mes pensées de ces joies triviales, éveille en moi la dévotion et fais que l'amour pour Toi jaillisse de mon cœur à chaque instant.

mē tum kā yē bhēd vikaṭ hē
ye dīvār bhīch mē mā
dūr karō sab vismṛti dūri
nij āñchal mē lēlō ma

La différence entre « Toi » et « moi », ce mur entre Toi et moi, me plonge dans la confusion. Efface la distance entre Toi et moi et laisse-moi demeurer dans Tes bras à jamais.

TĀYE MAHĀ MĀYĒ

tāyē mahā māyē jananī
jaga jananī

O Mère, grande maya (Illusion cosmique), Créatrice de l'univers !

japikkunnēn tava nāmam sadā
japikkunnēn tava nāmam

Je répète Ton nom divin sans cesse, sans la moindre interruption.

mātāvum nī pitāvum nīyē
san mārgam kāṭṭi tarum satguruvum nī

Tu es ma Mère, Tu es mon Père, Tu es aussi le Satgourou qui montre la voie.

ādiyum nīyē antavum nīyē
sarva carāchara pālaki nīyē

Tu es le commencement et la fin, Tu es Celle qui prend soin de tout ce qui existe dans la création, de tout ce qui est animé et inanimé.

kartyāyani dēvī karuṇāmayi ammē
nin pādam namippān anugrahamēkaṇē

O Déesse Katyayani, Mère pleine de compassion, je T'en prie, bénis-moi, afin que je puisse me prosterner à Tes pieds sacrés.

TIRUKATHAKAḶ PĀDAM

tirukathakal pādam ñān
oru varam nī tāyō
tirukathakaḷ pāṭum nēram
mama hṛdi nī vāyō
oru varam tāyō
mama hṛdi vāyō

Permets-moi de chanter la gloire de Tes actes sacrés ; daigne m'accorder une faveur : quand je chante Ta gloire, je T'en prie, viens dans mon cœur.

durgatikaḷ dûrekkaḷayū
durgā bhagavati kāḷī
tvad rūpam kāṇānāyi
arthikkunnivan ennum

Mets fin à mon infortune, O déesse Dourga, O Kali, chaque jour j'implore une vision de Ta forme.

dhyānattin vazhiyaṛiyillē
gītattinu srutiyillē
mōdattil muzhukānāyi
vēdapporuḷē kaniyū

J'ignore comment méditer, et il n'y a pas de mélodie dans ma musique. Aie pitié de moi et permets-moi de me fondre dans la béatitude, O essence des Védas.

gāyatri kīrttī mukti
kārtyāyani haimavatī
mōkṣātmikayāṇ ennammē
dākṣāyani śaraṇam śaraṇam

Tu es Gayatri, la renommée (Kirti), la libération (mukti), Kartyayani, Haimavati et Dakshayani (noms de Dévi). Tu es l'âme de la réalisation et l'unique refuge.

tatvangaḷ kathaṇam ceyyān
śakti tarū dēvi
viśvamayī nī yilleṅkil
śivan illen aṟiyunnen

Dévi, accorde-moi la faculté de parler des notions essentielles. Je comprends que sans Toi, l'incarnation de l'univers, Shiva, le principe causal, n'existe plus.

TIRU VAḶḶIKKĀVIL

tiru vaḷḷikkāvil amma śaraṇam - un
trippāda darśanamē śaraṇam
uḷḷam tavittu varam kēḷppavarkku
aḷḷi koṭukkum ammā śaraṇam.

O Sainte Mère de Vallickavou, nous cherchons refuge en Toi. Le darshan de Tes pieds sacrés est notre refuge. Nous prenons refuge en Mère qui donne en abondance à ceux qui La cherchent le cœur brûlant.

kali kāla vēdanekaḷ tāṅkamal
tavikkum māniṭa idayaṅkaḷil
aruloḷi parappi śānti aḷittiṭum
kārttika dīpamē nīyē śaraṇam

O Mère, Tu es la lampe de Kartika*, qui allume la flamme de la connaissance dans le cœur de ceux qui ressentent comme intolérable les fardeaux du kali yuga (l'âge du matérialisme). Nous cherchons refuge en Toi, Toi qui seule peux nous donner la paix.

** Dans certaines régions du sud de l'Inde, allumer la lampe de Kartika constitue une fête religieuse annuelle importante.*

un mayil varṇṇa uruvattai kandu
attaikalam teṭum aṭiyavarkku
kaṇkanda daivamāyi kāzhchi aḷittiṭum
amṛtānanda mayī nīyē śaraṇam

O Amritanandamayi, nous cherchons refuge en Toi, forme visible de la déesse ; Tu donnes darshan à tous les dévots assoiffés de paix. Nous aimons contempler Ta forme sombre, qui a la couleur des plumes du paon.

TVAMĒVA MĀTĀ

tvamēva mātā ca pītā tvamēva
tvamēva bandhus ca sakhā tvamēva
tvamēva vidyā dravinam tvamēva
tvamēva sarvam mama dēva dēva

Tu es ma Mère et mon Père, Tu es ma famille et mon ami, Tu es mon savoir et ma fortune, Tu es tout pour moi, mon Seigneur suprême.

UNARUṆARŪ

unaruṇarū amṛtānādamayī
unarū jaganmātē
tuyilūṇarū jagad jananī
ulakūṇarttān uṇarūnarū

Eveille-Toi, O Mère Amritanandamayi ! Eveille-Toi Mère du monde ! O Etre suprême, éveille-Toi pour éveiller le monde !

parama jyōti param poruḷē
parama bhaktikkaṭimāyāle
hṛdayadēśa kōvilile
maṇi viḷakkē jvalikkya sattē

Lumière suprême, essence suprême, Tu Te soumets à la dévotion suprême, Tu résides dans le cœur sous la forme de la lumière dorée, daigne briller en moi !

taṇu pavanan kuḷi kazhiññū
niṛa veḷicham kizhakku vechū
praṇavamōtī pāṛavakaḷum
brahmamayī uṇarunarū

Après son bain, la brise fraîche a allumé la lumière à l'est et les oiseaux chantent OM, le son primordial. Eveille-Toi, O Etre absolu, éveille-Toi !

ninakkīrikkān orukki vacha
hṛdayamellām iviṭeyallō
pakaliravum kāttukēzhum
makkaḷellām iviṭe yallō

Les cœurs ici sont des écrins prêts à T'accueillir, ils sont tous ici. Tes enfants qui jour et nuit pleurent pour Toi, sont tous ici.

UṢAKĀLA NĒRAM

uṣakāla nēram tuṣābindu kandā
niśāgandhiyōṭaṭu cōdikkāyai
khēdippatentu nī śōbha prasūnamē
cārattinnillayō nin jananī?
cārattinnillayō nin jananī?

Voyant les larmes de rosée sur la fleur Nisagandhi (une fleur parfumée qui fleurit la nuit) l'Aurore a demandé : « Pourquoi t'affliges-tu, fleur radieuse ? Ta Mère n'est-Elle pas près de toi ?

khēdikka vēnda nī bhāricha ñanāl
snēha labhatināyi tapassirunnû
gaunichatillamma dainyata kandannu
karmukilēṛe kaṇṇīrozhukki
karmukilēṛe kaṇṇīrozhukki

Ne sois pas triste. Moi aussi, pendant des jours remplis de chagrin, le cœur lourd, j'ai pratiqué une ascèse intense pour gagner l'amour de Mère. Mais Elle m'a ignoré. Voyant ma profonde tristesse, les nuages sombres ont versé bien des larmes.

dāhichirunna ñān nētrāśrudhāraye
pānam tuṭarnnalpa śānti nēṭi
bhīrutvamārnnilla, dhīratvamōṭinnum
teṭunnu ñānā dayāsāgaram
teṭunnu ñānā dayāsāgaram

J'avais soif et j'ai bu tous les torrents de larmes ; cela m'a procuré un peu de paix. Je n'ai pas perdu courage. Bravement, aujourd'hui encore, je continue à chercher cet océan d'amour.

bhēdam veṭiññini sōdaratvēna nām ā
prēmātma vāridhikkāyi bhajikkām
snēhamāyi vannamma namme tuṇaykkāykil

antyattōḷam namukkārttu kēzhām
antyattōḷam namukkārttu kēzhām

Oubliant toutes les différences, dans un esprit de fraternité, chantons la gloire de cet océan d'amour. Si Mère ne vient pas nous secourir avec amour, alors pleurons jusqu'à la fin.

VĀṬIKOZHIÑETRA

vāṭikozhiñetra 'innale' inninte
vāṭiyil kōrittarikunna pūkkaḷe
māṭiyunarttuvān vīndum taḷirta pū
cūṭuvān 'nāḷeykku' nīrājanōtsava
māṭuvān arṣā bhimāna muṇarññu pōyi

Combien d'« hier » ont défleuri puis sont tombés comme une fleur fanée ? Pour que des fleurs d'extase s'épanouissent, pour porter les fleurs fraîchement ouvertes, pour célébrer le service des vêpres de tous les « demain », l'honneur védique s'est éveillé.

maṇṇin sugandham svadikkunna pāmpum
uḷkaṇṇin vēḷicham nukarnna yōgindranum
onnil viṣam viśva dhāhakan yōgitan
uḷḷil tuḷumbunnu snēhāmṛtarnavam
eṅgum pukaḷ konda pālāzhiyā, mṛtam

Regardez le serpent qui savoure l'odeur de la terre et le saint qui savoure la lumière intérieure. Le serpent porte en lui un poison capable de détruire le monde. Le cœur du saint déborde, c'est un océan de pure béatitude, pareil au célèbre nectar qui jaillit de l'océan de lait.

(Le barattage de l'océan de lait symbolise le processus de purification du mental grâce à la pratique des austérités. Il en sort différentes choses et finalement, le nectar d'immortalité)

pālāzhiyil paḷḷikoḷḷum param poruḷ
ezhāzhi cûzhum apāratayikkappuram
minnunnattin puṇya darśanam sadguru
vandya padāmbuja dvandva mennōrttuṣa
sandyakaḷ tōrum namikka bhaktyādaram

La gloire du Seigneur, qui repose dans l'océan de lait (le mental), est infiniment plus vaste que les sept océans. Obtenir le darshan des pieds sacrés du gourou, c'est contempler cette gloire infinie. Je me prosterne donc, à l'aube et au crépuscule, devant les pieds du gourou,.

kaṇṇinu karppura kāntiyāyi kātukaḷ
kaññûna gānamāyi, nāvinnamṛtāmāyi
gandhamāyi, gāḍānurāga samśleṣamāyi
andatā misram piḷarnnīrnnezhum divya
bandhurā kāramāyi minnunna sadguru

Les yeux sont devenus brillants comme la flamme du camphre, les oreilles entendent maintenant sans cesse de la musique, la langue goûte l'ambroisie, un doux parfum flotte dans l'air et pour le sens du toucher, c'est une étreinte tendre et aimante. La forme du Satgourou brille, dissipant les ténèbres de l'illusion.

pañchēndriyaṇgaḷkku mappuṛam vākkinnu
sañcari cīṭuvān ākā tōrad bhūtā
piñja jālōjvala bhavyānubhūtitan
veṇtiṅkaḷāyiram cuzhnuyarnettunna
'pañcākṣarī mantra' sāramaṇen guru

Mon Satgourou est bien au-delà de la portée des cinq sens. Ses paroles ont accès à ce niveau de conscience. Mon Satgourou est celui qui donne le mantra de cinq syllabes qui brille d'un éclat mille fois plus fort que la lune.

VĀK DĒVATĒ VARŪ

vāk dēvatē varū varamaruḷū vara
vīṇa gāna svaramutirū
vēda vadinī dhyeya rūpiṇi
svānta samśōdhinī varū

Viens, O déesse de la parole, accorde-nous une faveur. Joue sur la vina (le luth indien) des mélodies raffinées. Viens, Toi qui récites les Védas, objet de méditation, Toi qui détruis la souffrance.

antara mizhi tēṭum nigamāntaporuḷē
āmaya veyilattum surataru taṇaḷē
svara nandini mama daivamē
suralōka jana pūjitē dēvi

Dévi, ma déesse, Tu es Celle que cherche l'œil intérieur, l'essence de la Vérité révélée dans les Védas, l'ombre de l'arbre céleste qui réconforte ceux qui sont las du soleil brûlant de la souffrance. Tu es la fille de la musique, Celle que vénèrent les êtres célestes.

prapañca vēdiyen hṛdaya vēdi
hṛdaya vēdi nin naṭana vēdi
naṭamāṭi vā śruti pāṭi vā
varadāna kutukānanē dēvi

Le drame universel se joue dans le théâtre de mon cœur, la scène sur laquelle Tu danses. Viens, esquissant des pas de danse, fredonnant une mélodie, Toi qui souhaites nous accorder de généreuses faveurs.

VARU MURALI MŌHANĀ

varu murali mōhanā kaṇṇa
varu murali mōhanā
pīlikal cārti orukkām tāmara
mizhikaḷil añjana mezhutām
kuṛnira cinniya nettiyil ñān oru
malayaja tilakamaṇikkām kaṇṇa

Viens, Kanna, avec Ta flûte qui nous captive. Je Te parerai de plumes de paon, et je dessinerai une ligne noire autour de Tes yeux de lotus. Kanna, sur Ton front recouvert de cheveux bouclés, je mettrai un point de pâte de santal.

varavana mālakal cārttām kāñcana
tarivaḷa kāñciyaṇīkkām
kiṅkini keṭṭi naṭattām kālttaḷa
kiṅkila māṭi rasikkām kaṇṇa

Je Te mettrai de belles guirlandes de fleurs sauvages, des bracelets d'or et une chaînette autour de la taille. Je Te ferai marcher, j'entendrai le tintement de Tes clochettes.

taḷarukil veṇṇa yorukkam karaḷil
maṇi malar metta virikkām
pularukil ninne viḷikkām atuvare
puḷakitamennil layikkām kaṇṇa

Si Tu es fatigué, je Te préparerai du beurre et je T'installerai dans mon cœur un lit de pétales de fleurs. Je Te réveillerai à l'aube. D'ici là, O Kanna, demeure en moi, absorbé en extase.

VARUNNENNU TŌNNUNNU

varunnennu tōnnunnu
varadāyakan ente
hṛdaya mandirattinte naṭayiletti
ētō nigūḍhamām snēha nīrdhārayil
nīntān tuṭaṅgunnen svāntamippoḷ
aharnniśam ātmāvil avaneyōrttirunnupōyi
karutiyilloru piṭi aval pōlum ñān
varunnēram oru vastu karutāte maruvukil
karuṇāmayan kṛṣṇanentu tōnum?

Je sens que Celui qui exauce les désirs approche. Il est arrivé devant le temple de mon cœur. Mon esprit baigne dans un flot d'amour jusqu'alors inconnu. Je pensais sans cesse à Lui. Je n'ai même pas gardé une poignée de riz soufflé. Que va penser Krishna, Lui qui est si miséricordieux, si je n'ai rien à Lui donner quand Il viendra ?

karunārdra mānasanallē mukil varṇṇan?
pari bhavikkillāyirikkyām kaṇṇan
itāyiṅgu vanetti, vannennu tōnnunnu
pītāmbarattin praśōbha kandō?

Le cœur du Seigneur au teint de nuage sombre n'est-Il pas miséricordieux ? Kannan n'en sera pas offensé. Oui, Il est déjà là, je pense qu'Il est arrivé, avez-vous vu briller son vêtement jaune ?

ātmārppanam ceytetirēlkkum ñānappōḷ
āśīrvadikkātirikkillavan
bhagavadppādaṅgalen mizhinīrāl kazhukumbōḷ
karuṇanīr tūkātirikkillavan

Je L'accueillerai en m'abandonnant à Lui. Nul doute qu'Il me bénira. Quand je baignerai de mes larmes Ses pieds sacrés, je suis sûr(e) qu'Il répandra sur moi Sa miséricorde.

VEṄKATARAMAṆĀ

veṅkataramaṇā veṅkataramaṇā
veṅkataramaṇā saṅkataharaṇā
yēdukuṇḍalā veṅkataramaṇā,
vāsudēva veṅkataramaṇā
vāsudēva, vāsudēva, vāsudēva
veṅkataramaṇā
vāsudēva... vāsudēva veṅkataramaṇā
śrīnivāsa... śrīnivāsa veṅkataramaṇā

viṭhalā viṭhalā viṭhalā viṭhalā
vāsudēva... vāsudēva veṅkataramaṇā
śrīnivāsa... śrīnivāsa veṅkataramaṇā

rām jinkā nām hē
ayōdhyā jinkā dhām he
aisē raghu nandan kō
hamāra bhi praṇām hē

pāṇḍuranga nām hē
paṇḍaripura dhām hē
aisē dayā sāgar kō
hamāra bhi pranām hē

viṭhalā viṭhalā....

veṅkataramaṇa	Celui qui demeure sur la belle montagne de Venkata
śrinivāsa	Celui en qui Lakshmi demeure
yēdukundala	Celui qui demeure sur les sept collines
saṅkataharaṇa	Celui qui détruit la souffrance
vāsudēva	Fils de Vasudeva (Krishna)
ram jinka nam hē	Son nom est Ram
ayōdhya jinka nam hē	Son foyer est Ayodhya

aisē raghu nandan kō	Au descendant des Raghous
hamāra bhi praṇam hē	J'offre moi aussi mes salutations
aise daya sagar kō	A cet océan de miséricorde
viṭhalā	Krishna

VĒṆUGŌPA BĀLĀ NĪ

vēṇugōpa bālā nī
pōrukente cārē
mama mānasam viṭarttān oru
gānamūtiyāṭū
gānamūtiyāṭū

O petit pâtre à la flûte, je T'en prie, viens près de moi. Danse et chante, pour que mon cœur s'épanouisse.

kāḷiyante phaṇamēṛi ninnoru
celezhum naṭanam āṭu nī
rāma sahitam ōrōgōparottu
vṛndāvana līlakaḷādu nī

Danse gracieusement sur le capuchon du serpent Kaliya. Danse avec Rama et avec chacune des gopis, Tes compagnes de jeu de Vrindavan.

cūṭi cēlil oru pīli kūntaloṭu
nīla mēgha niṛamārna nī
rādha tannuṭaya rāsakēḷi yatil
mōṭicērnu naṭamāṭu nī

Toi qui as la couleur bleue des nuages de pluie, qui portes une plume de paon dans les cheveux, va rejoindre Radha et danser gracieusement avec elle la rasa lila.

VIḶICĀL VIḶI KĒḶKKĀN

viḷicāl viḷi kēḷkkān maṭikkuvaṭentammē
tanichī vanāntarattil vasikkunnu ñān
smaricāl manatāril vasippān varikillē
stutichāl stuti kēḷkkān orukkamillē

Pourquoi hésites-Tu à répondre à mon appel, O Mère ? Je suis seul(e), abandonné(e) au milieu de cette forêt. Lorsque je pense à Toi, ne viendras-Tu pas demeurer en mon cœur ? Quand je chante Ta gloire, n'es-Tu pas prête à entendre mes prières ?

manasinte vipinattil madamenna mṛgarājan
madichu tuḷḷunnenne hanichu tinnān
bramicha mānpēṭa pōl bramichu nilkunnu ñān
tuṇaykkāyi nin mizhikkōṇ onnanakkukillē... ammē

Dans la forêt de mon mental, l'orgueil rôde : ce lion en chasse cherche à me tuer pour me dévorer. Comme une biche perplexe, je suis paralysé(e). Ne viendras-Tu pas à mon secours en me jetant un regard de côté ?

vidhiyenna svapachante kṣaṇattāl bhuvanattil
virunnuṇṇan iniyenne ayaykkarutē
aviratam aviṭutte padatāril mati cērnu
maruvuvān anugraham aruḷukammē... ammē

Je T'en supplie, ne m'envoie plus de nouveau sur la terre, à l'invitation du destin ingrat, pour participer à la fête du monde. Daigne m'accorder Ta bénédiction, O Mère, pour que ma pensée ne quitte pas un seul instant Tes pieds.

VINĀVILAMBAM

vināvilambam kṛpāvalambam
tarān varū jananī
nirantaram tava kṛpāmṛtam lavam
irannu nilppū ñān

Viens, O Mère, accorde-moi sans délai Ta miséricorde ! J'implore constamment le nectar de Ta compassion.

bhavāni nin tiru padāmbujam hṛdi
sadā smarikkunnu
parātpare cuṭu bāṣpa kaṇaṅgaḷ
vṛtha pozhikkunnu

O Mère, seul le souvenir de Tes pieds de lotus habite mon cœur. O Déesse, je ne fais que pleurer à chaudes larmes !

viṣāda cintaykkadhīnayāyi ñān
nissānayākkarutē
orittu snēham pakarnnu nalkuka
suśānti neṭīṭān

Ne permets pas que je devienne inutile en laissant la tristesse s'emparer de moi. Pour que je trouve un peu de paix, accorde-moi au moins une goutte d'amour !

durūha vismayamallō tāvaka
vibhinna bhāvaṅgaḷ
tvadanya cintakaḷ ezhāykilārkkum
nija paramānandam

Les états que Tu manifestes sont à la fois incompréhensibles et surprenants. En pensant à Toi constamment, on baigne dans la béatitude suprême.

hṛdāntamammē nitānta bhaktyā
tavāmghṛpatmatte
mukarnnu mōdam viḷangiṭaṭṭe
vilīnamakaṭṭe

Puissé-je embrasser Tes pieds de lotus en mon cœur avec une dévotion constante, O Mère, puissé-je goûter le bonheur et finalement me fondre en Toi !

VIPHALAMŌ ENNUṬE

viphalamō ennuṭe
manuṣya janmam
vijaya lakṣmī enne anugrahikkû

Cette vie humaine va-t-elle être vécue en vain ? Je T'en prie, O déesse de la bonne fortune, répands sur moi Ta bénédiction.

vila keṭṭatō ente
manuṣa janmam eṅkil
vidhi dāyini enne anugrahikkû

Cette vie humaine n'a-t-elle donc aucune valeur ? S'il en est ainsi, O Toi qui fixes mon destin, je T'en prie, répands sur moi Ta bénédiction.

azhalāzhilāññu ñān kēṇiṭunnu ente
manassine kaṛayere
kārnīṭunnu kanivoṭe kaniyillē
tiru darśanam ninte mṛdu bhakti
sudha enikkēkiṭumō

Je T'en supplie, je suis perdu dans un océan de souffrance, et mon esprit est souillé par les impuretés qui se succèdent. Dans Ta bonté, ne daigneras-Tu pas m'accorder Ta vision divine et le nectar de la tendre dévotion ?

tiru cinta kondente mōhamellām
akalaṭṭe unmattayākkīṭanē
kanivōṭenikkēku prēma bhakti
ninnil layikkunna śuddha bhakti

Puissent toutes mes illusions être balayées d'un mouvement de Ta volonté suprême. Puissé-je connaître l'extase divine. Daigne m'accorder la pure dévotion - le tendre amour qui se fond en Toi.

onnē enikkoru nitya śānti atu
nin maṭittoṭṭilām nitya sthānam
ammē tazhukiyuṛakkiyennē
nin maṭittoṭṭilil āṭṭiṭanē

Je ne connais qu'un seul lieu où règne la paix éternelle : le berceau de Tes bras. O Mère, caresse-moi et berce-moi dans ce doux berceau, pour que je m'endorme.

VIRAHATTĪ PAṬARUNNEN

virahattī paṭarunnen hṛdayattil ammē
kanivinde panīniru kuṭayān varillē
tirayunnu ñān... dūre maruvunnu ñān ammē
azhalāḷum ātmavin iniyennu śānti

O Mère, le feu de la séparation me dévore le cœur. Ne viendras-Tu pas l'éteindre avec les eaux parfumées de la compassion ? Je suis loin et j'erre en quête de Toi. Quand cette âme consumée de souffrance trouvera-t-elle la paix ?

mana mulla viriyunna tu veṇṇilāvil
oru nōkku kaṇi kāṇān uzhaṛun ennuḷḷam
aṇayillayō... hṛttil aṇayumbōl nī ārum
paṛayāte taniye ñān aṛiyum mahēśi

Mon esprit se languit de « Kani » (le premier darshan, en un jour favorable), aussi rare que les nuits de pleine lune où fleurit le jasmin. Ne viendras-Tu pas près de moi ? Quand Tu viendras, mon cœur le saura sans qu'il soit nécessaire de dire un mot et il a soif de ce signe avant-coureur de Ta présence.

azhalinte veyilēttu valayunna hṛdayam
tazhukān nin snēhattin kara tāranaykku
tiriyilla ñān pāta veṭiyilla ñān, ninne
aṛiyānuḷḷati mōham veṭiyilla ñān

De Ta main qui est tout amour, caresse ce cœur desséché par les souffrances de la vie dans le monde, aussi brûlantes que la chaleur de midi. Jamais je ne n'abandonnerai la voie, jamais je ne Te quitterai, jamais je ne renoncerai à cette soif ardente de Te connaître.

VIŚVAMĀTRU SVABHĀVA

viśvamātru svabhāva muḷkondiṭum
viśvavātsalya dhāmamē kaitozhām
tyāgam tan divya jīvitamākkiya
tyāga mūrttiye kaitozhām kaitozhām

Je me prosterne devant cette fontaine d'amour maternel universel, devant l'incarnation de cet amour. Je me prosterne devant cette incarnation du sacrifice, qui a fait de Sa vie même un sacrifice.

ninte kāruṇyadhāra varṣikkaṇē
nin tiru snēha meṅkalozhukaṇē!
śuddha bhaktiyum nirmmala prēmavum
sīmayatennil nī niṛachīṭanē

Répands sur nous le flot de Ton amour et fais que Ton amour divin coule à travers moi. Daigne remplir mon cœur d'un amour et d'une foi infiniment purs.

nitya vastu svarūpiṇī sadgurō
sajjanāvana sēvitē nirmalē
satya vastuvilen manam nityavum
magnamākuvān kaitozhām kaitozhām!

O Maître éternel (Satgourou), incarnation de la vérité éternelle, O pureté, Toi que servent les êtres qui ont bon cœur, puisse mon esprit se fondre en cette vérité éternelle. Je me prosterne devant Toi encore et encore.

VIṬARUNNA KALIKAYKKU

viṭarunna kalikaykku gatiyentu kāḷikē?
kozhiyunna pūvinnu gatiyentu māyikē?
oḷichintum minnalin gatiyentu kāḷikē?
eriyunna citayuṭe kathayentennambikē?

O Kali, quel est le destin d'une fleur qui s'épanouit ? O Enchanteresse, quel est le destin d'une fleur qui se fane ? O Kali, quel est le destin de la lumière qui brille dans l'éclair ? O Mère, quelle est l'histoire du bûcher funéraire qui flambe ?

gatiyentu kathayentu vivasanām śiśuvinu
jananī nī kanivenye maruvukilambikē?
karayunna paitalin svaramamba kēḷkkayikil
karayumī jīvante gatiyentennambikē?

O Mère, quel est le destin de ce malheureux enfant si Tu Te montres sans merci ? Si Mère ne prête aucune attention aux gémissements de son enfant qui pleure, que peut donc faire cette âme éplorée ?

ceḷipatti kaṭiyēttu piṭayumī kuññine
ariya mātāvallativitāru nōkkuvān?
karatāril kōri nin śiśuvine puṇaraykil
vazhiyeṅgu teḷiveṅgu tunayeṅgu kāḷikē?

Qui d'autre prendra soin de cet enfant qui tremble, couvert de boue et de blessures, sinon Toi, notre Mère chérie ? Si Tu n'étreins pas Ton enfant en le prenant dans Tes bras, où est l'issue, où est la preuve (de Ton amour), où est Ton aide, O Kali ?

ihamamma paramamma sakalatum nīyamma
madhurita vatsalyattikavāṇu nīyamma
śaraṇam enikkamma nī tanne nī tanne
ninavilla ninne viṭṭonnumennambikē!

Ce monde est Mère, l'autre monde est Mère, et tout le reste aussi. O Mère, Tu es l'incarnation de la tendresse. Tu es mon seul refuge, O Mère, je ne peux vivre sans Toi !

VIṬHALĀ VIṬHALĀ

viṭhalā viṭhalā viṭhalā
viṭhalā viṭhalā viṭhalā
ō mātā viṭhalā pāṇḍurangā
jai jai viṭhalā viṭhalā viṭhalā
jai jai viṭhalā viṭhalā viṭhalā

Vishnou, O Mère (Lakshmi) et le Seigneur Pandouranga, Victoire à Vishnou.

Vithala désigne la forme de Krishna (Vishnou) qui se trouve dans le temple de Pandaripour près de Pouna, et que l'on appelle Pandouranga.

VṚNDĀVANA KĒ SUNDARA

vṛndāvana kē sundara bālā
mañjuḷa hāsa yutā
sundara vadanā vandita caraṇā
manda gamana gōpāl

O bel enfant de Vrindavan, O Gopal, dont le beau visage rayonne d'un sourire charmant, Tu marches lentement et Tes pieds sont dignes d'adoration !

mōru mukuṭa sir kañjan nayana
cañjala kuṇḍal kān
mangala mūrtti kē sankh gālē mē
rājat kaustubh hār

La plume de paon sur Ta couronne, le khol qui borde Tes paupières, les boucles d'oreilles scintillantes qui ornent tes oreilles, le joyau Kaustoubha qui brille à Ton cou et dont la forme évoque une conque, tout cela augmente encore le ravissement dans lequel nous plonge la contemplation de Ta forme bénie.

candana ur mē vana mālā hē
pītāmbar kaṭi mē
paiñjani rañjit mañju padom mē
añjali baddh praṇām
kṛṣṇā añjali baddh praṇām
mērē añjali baddh praṇām

Ton corps, paré d'une guirlande de fleurs sauvages, a le parfum du santal, Tu portes un vêtement jaune autour de la taille. Oh, Krishna, les mains jointes, je m'incline à Tes pieds ornés de bracelets tintinnabulants.

VṚNDĀVANATTILE RĀDHA

vṛndāvanattile rādha
kaṇṇante priya sakhi rādha
kaṇṇante vēṇuvāyi tīrnnu avaḷ
kaṇṇante śvāsamāyi tīrnnu.... rādha... rādha

Radha de Vrindavan, Radha, l'amie la plus chère de Kanna, est devenue Sa flûte ! Elle est devenue le souffle même de Kanna !

niṟabhakti lahariyil rādha - avaḷ
kaṇṇanumāyi nṛttamāṭi
kaṇṇante mayilppīliyāyī - avaḷ
kaṇṇante kaṇṇayi tīrnnu.... rādha... rādha

Radha en extase, a dansé avec Krishna. Elle est devenue la plume de paon de Kanna ! Elle est devenue les yeux de Kanna !

kaṇṇante mānasa ṟāni - avaḷ
prēmattin paryāyamāyi
kannanilāzhnavaḷ cērnu - prēma
sāgaramāyaval tīrnnu... rādha... rādha

Elle règne dans le cœur de Kanna. Elle est devenue le synonyme de l'amour. Unie à Kanna, elle est devenue un océan d'amour !

YADUPATI MANAHARI

yadupati manahari nirupama guṇamayi
rādhē jaya jaya navarasikē
hari virahiṇi vraja vipina vihāriṇi
surajana nata pada kamalayutē

mṛdumṛdu hasitamukhi manahāriṇi
rāsavasōjjvala kāntimayi
madhuripu hṛdaya vilāsini mōhini
manalaya kāriṇi jaya rādhē

rādhē śyām rādhē śyām
rādhē śyām śyām śyām rādhē śyām

navanava madhumaya rāgavinōdini
mṛdupada naṭana vilāsamayī
vrajavana kuñja nivāsini rāgiṇi
rāsa rāsēśvari jaya rādhē!

rādhē śyām rādhē śyām...

vrajaramaṇī kula mauli manōhari
yugala manōhara naṭanaratē
murali manōhara vadana vilōkini
vidhi śiva vandita caraṇayugē
rādhē śyām rādhē śyām...

yadupati	Le seigneur de la dynastie des Yadous
manahari	Celui qui détruit le mental
nirupama guṇamayi	Celui qui a des qualités incomparables
navarasikē	Celui qui savoure les neuf sortes de dévotion
hari virahiṇi	Séparé du Seigneur Hari
vrajavipinavihariṇi	Celui qui joue dans les forêts de Vraj
surajana nata pada kamalayutē	Celui dont les pieds de lotus sont vénérés par les dieux
mṛdumṛdu hasitamukhī	Celui dont le visage est éclairé d'un doux sourire.
manahāriṇi	Celui qui conquiert le mental
rasarasōjvala kāntimayi	Celui qui danse brillamment lors de la fête des pâtres
madhuripu hṛdayavilāsini	Celle qui joue dans le cœur de celui qui a tué le démon Madhou
mōhini	Enchanteur
manalayakāriṇi	Cause de la dissolution du mental
rādhe	Bien-Aimée de Krishna
śyām	Krishna au teint sombre.
navanava madhumayaraga vinōdini	Celui qui joue avec un amour dont la fraîcheur ne tarit jamais.
mṛdupadanatana vilāsamayi	Celui dont les pas de danse sont pleins de douceur
vrajavana kuñjanivāsini	Celui qui vit dans les bosquets de Vraj
Rāgini	Celle qui est passionnée
vrajaramani kula mauli	Le joyau parmi toutes les gopis de Vraj

yugalamanōhara naṭanaratē	Celle qui danse agnifiquement avec Krishna.
muralimanōhara vadanavilōkini	Celle qui contemple le visage du charmant joueur de flûte.
vidhi śiva vandita caraṇayugē	Celui dont les pieds sont vénérés par Brahma et Shiva.

Table des Matières

www.ingramcontent.com/pod-product-compliance
Lightning Source LLC
Chambersburg PA
CBHW071951100426
42736CB00043B/2761

* 9 7 8 1 6 8 0 3 7 6 4 1 8 *